亲近母语
中文分级阅读标准

亲近母语研究院　著

天津出版传媒集团

天津教育出版社

果麦文化 出品

目录

引言	**001**
亲近母语中文分级阅读标准研制的背景和意义	**005**
儿童阅读的蓬勃发展	005
中文分级阅读的探索与实践	007
亲近母语的研究与探索	010
中文分级阅读标准研制的意义和价值	012
亲近母语中文分级阅读标准制定的原则	**015**
儿童性：尊重儿童身心发展规律	015
母语性：尊重母语的特质	023
教育性：关注教育发展的核心目标	033

亲近母语中文分级阅读标准 **038**

    儿童阅读素养发展标准 040

    文本分级标准 092

存在的问题和未来展望 **128**

参考文献 **132**

引言

这本薄薄的小书,是在国家坚定文化自信、加快科技发展、实施全民阅读战略、整体提高国民素养的大背景下,亲近母语基于20年的儿童阅读研究、推广和实践,在充分研究英文分级阅读、研发和实践中文分级阅读的基础上,对中文分级阅读标准所做的一次系统建构和表述。

亲近母语中文分级阅读标准,致力于解决"不同阶段、不同素养的孩子读什么、如何读"的问题。按照《儿童权利公约》的定义,儿童是指18岁以下的任何人。在现阶段,亲近母语对中文分级阅读的研究,重点关注的是6~15岁儿童的阅读。

亲近母语希望建立的中文分级阅读标准(Chinese Leveled Reading Standards),不仅包含建立文本的分级标准,更核心的目的在于研制中国儿童的阅读素养发展标准。

根据儿童的身心发展规律和所处的阅读阶段，以及未来社会对人才的素养要求，《义务教育语文课程标准（2011版）》已经规定了每一个儿童应该达到的阅读素养标准；亲近母语希望制定的是以每一个儿童应达到的阅读素养标准为基础，通过为儿童提供合适的读物和相应的阅读指导、阅读教育，儿童可以达到的阅读素养标准，即发展性阅读素养标准。

在制定针对群体的、普遍性标准的基础上，我们还要探索针对个体儿童如何进行科学的阅读素养测评。我们希望根据每个儿童实际的阅读素养，为他们匹配适合的中文读物，并给予有针对性的阅读建议和指导，以提升儿童的中文阅读素养，促进他们的人格发展与精神成长。

制定中文分级阅读标准的最终目标，在于培养有广泛的阅读兴趣、良好的阅读习惯、较高的阅读素养和终身学习能力的自主阅读者，为中国培养能够担当民族复兴大任的时代新人，为未来社会培养完整而和谐发展的人。同时，我们希望和更多同道开展广泛的合作，共同携手，促进行业的整体发展。

需要说明的是：

中文分级阅读不仅仅应用于儿童阅读领域，成人阅读领域也可以开展中文分级阅读。例如针对阅读习惯差、阅读能力弱的成年人，建立科学的分级阅读体系，同样有助于他们更好地学习阅读。但为了聚焦和研究的深入，亲近母语中文分级阅读标准，只针对国内以中文为第一语言的儿童阅读，不涉及成年人范畴的分级阅读。

亲近母语中文分级阅读标准的制定，以服务儿童发展为宗旨，希望帮助儿童、家长、教师和阅读行业从业人员，选择合适的童书，并进行不同场景、不同目标的阅读分享、互动和阅读指导、阅读教育，力求为家庭场景下的亲子共读，幼儿园和中小学阶段校园的阅读指导，图书馆、社区及更广泛的专业阅读和教育机构、童书出版机构的阅读活动，提供一个普适的、可操作的标准。

亲近母语中文分级阅读标准希望建立一个开放的系统。它从中国儿童的生活、学习、文化场景出发，以《幼儿园教育指导纲要》《义务教育语文课程标准》中的阅读教学和课外阅读目标、国家全民阅读规划等为基础，参照国内外的分级阅读研究和体系，经过10多年的研究、研发、实践和应用，终于在今天有了一个基础性的成果。

相比于制定英文分级阅读标准，制定中文分级阅读标准，是一项艰苦、复杂并具有开创性的工作。这项研究，必须以童书创作和出版、阅读学、儿童阅读、语文和文学教育、语言学、中文信息化处理、大数据等方面的理论和实践为基础。因此本次发布的亲近母语中文分级阅读标准,必然只是一个开始,是一次探索,欢迎各界朋友批评指正和提出完善意见,更欢迎大家在实践中应用,并与我们开展各种形式的合作。

亲近母语中文分级阅读标准研制的背景和意义

儿童阅读的蓬勃发展

21世纪以来，科技迅猛发展，但世界经济增长乏力，国际形势复杂多变。2020年，新冠肺炎疫情在全球范围内的传播和蔓延，更加剧了世界格局的变化。世界处于百年未有之大变局。中国身处其中，面临着巨大的机遇和挑战。在新的历史条件下，中国如何抓住机遇、应对挑战、进一步增强和提升综合国力，如何提高整体国民素养，培养更多有全球视野、中国根基的人才，坚定文化自信，建设文化强国，为中国的进一步崛起和长远发展服务，是我们面临的重要问题。

阅读是儿童重要的言语实践活动。儿童运用母语的听说能力和写作能力的发展，都需要以一定的阅读为基础。

阅读不仅是儿童学习母语的核心环节，还是他们获取知识、终身学习的重要途径，也是文化传承的重要方式。阅读素养不仅是语文学科的核心素养，也是个体精神成长和在未来社会生存发展必备的核心素养之一，是国民素养的重要组成部分。可以预见，国民的阅读素养高低，未来将成为国家人才的核心竞争力指标之一。

20世纪六七十年代以来，世界各国，尤其是发达国家，都不约而同地把儿童阅读作为教育改革的重点。21世纪以来，随着国民经济的发展，人民生活水平和精神需求逐步提高。从20世纪末开始，梅子涵、曹文轩、朱自强、彭懿、王泉根等诸位儿童文学研究学者，在中国大陆率先推广儿童阅读。21世纪初，随着经济的发展，第八次基础教育课程改革的启动，一些专业的儿童阅读推广机构先后成立。红泥巴读书俱乐部、亲近母语、新教育实验、心和基金会、爱阅基金会等，为推动儿童阅读、构建书香校园付出了艰苦的努力。2006年以来，全民阅读、儿童阅读推广蓬勃发展，深刻影响了学校教育、亲子教育、童书创作和出版、基础教育课程改革，以及国家全民阅读规划的制订。分级阅读的探索和实践也在此背景下悄然兴起。

中文分级阅读的探索与实践

分级阅读（Leveled Reading），是从儿童的身心发展规律出发，选择、提供适合儿童不同发展阶段的读物，并指导儿童如何阅读的一种方式和促进手段。

现代意义上的分级阅读理念、方法、体系主要来源于西方。1836年，威廉·麦加菲开发了第一套供社会广泛运用的分级阅读标准，并出版了著名的分级读本——"麦加菲读本"。经过100多年的研究和实践，美国和英国等国家形成了有影响力的几大英文分级阅读体系。如蓝思分级阅读体系（The Lexile Framework for Reading）、指导性阅读分级体系（Guided Reading Levels）、阅读促进计划（Accelerated Reader）、阅读发展评价（Developmental Reading Assessment），等等。

分级阅读理念在西方很早就得到了社会各界的广泛认可，并在各个领域有着丰富的应用和实践。出版商会在出版物上标注阅读的难度级别；研制分级阅读体系的机构会提供测试，检测读者的阅读水平，同时推荐适宜的读物；学校会根据分级阅读标准制订详细的图书阅读计划，并根据计划向家长和孩子推荐适合特定学生群体或个体阅读的书籍；图书馆会根据分级阅读标准为孩子们选择图书，并开展丰富的阅读活动；很多家庭也会根据不同的标准为孩子们选择童书，进行亲子共读。

中文分级阅读的研究和实践，是中国儿童阅读逐渐发展的自然结果。经过最初阶段的儿童阅读推广，家长、老师逐渐认识到儿童阅读的重要性，并开始在家庭和班级内开展阅读实践。但如何给孩子提供更适合的图书，和更具针对性的阅读指导，成了儿童分级阅读亟须解决的问题。

2001年，亲近母语总课题组发布了中国第一份小学生分级阅读书目。2009年5月，接力出版社成立了接力儿童分级阅读研究中心，并相继推出《中国儿童分级阅读倡议书》《儿童心智发展与分级阅读建议》《中国儿童分级阅读参考书目》。2009年6月，南方分级阅读研究中心研发了《中国儿童青少年分级阅读内容选择标准》和《中国儿童青少年分级阅读水平评价标准》。2010年，新阅读研究所成立，先后发布了《中国小学生基础阅读书目》《幼儿基础阅读书目》《中学生基础阅读书目》等书目。

2009年，中国上海首次参加由经济合作与发展组织发起的国际学生评估项目（Programme For International Student Assessment，以下简称PISA）测试。PISA测试评估主要分为三个领域：阅读素养、数学素养及科学素养。中国学生在三项测评中均拿到了第一，引发了各界对 PISA 和阅读素养的关注。2011 年，国务院颁布《中国儿童发展纲要（2011~2020 年）》，提出"推广面向儿童的图书分级制，为不同年龄的儿童提供适合其年龄特点的图书，为儿童家长选择图书提供建议和指导"。2013 年，上海教育委员会教学研究室，在参加和开展 PISA 评测的基础上，启动了"上海市中小学汉语分级阅读标准研制"项目，并于 2016 年中出版了《上海市中小学汉语分级阅读标准研究报告——阅读能力分级》一书。自 2016 年 12 月起，项目团队启动上海市中小学汉语阅读文本分级标准的研制。

2014 年，首都师范大学儿童文学教育研究基地主任王蕾博士带领团队，承担了教育部规划基金项目"分级阅读与儿童文学教育研究"。2019 年，在第六届北京国际儿童阅读大会上，王蕾博士发布了历时 3 年的研究成果：母语儿童文学分级阅读标准，但标准原文未公布。

各童书出版社和出版机构，也不同程度地参与分级阅读的体系建设中来，例如出版了不少标注"分级阅读"的童书和分级读本，开始标注童书分级建议等。此外，在各个领域，如中小学和幼儿园、图书馆、社区阅读馆等，出现了不少的阅读推广人，他们在分级阅读应用层面开展了丰富的实践。

近年来，中共中央、国务院高度重视阅读工作，"全民阅读"连续 8 次被写入政府工作报告。2016 年国家新闻出版广电总局印发的《全民阅读"十三五"时期发展规划》指出，要"加强对少儿阅读规律的研究和运用，科学研究不同年龄、不同群体、不同性别少年儿童的智力、心理、认知能力和特点，借鉴国外阅读能力测试、分级阅读等科学方法，探索建立中国儿童阶梯阅读体系，加快提高我国少年儿童的整体阅读水平"。

亲近母语的研究与探索

20 年来，亲近母语在中文分级阅读领域，一直坚持研究、探索和实践。

从 2001 年开始，每年推出《中国小学生分级阅读书目》；2016 年，发布《中国儿童分级阅读书目（0~12 岁）》，并每年修订完善，受到家长、教师和社会各界的欢迎。

2007 年，出版儿童诗歌分级读本——《日有所诵》，从幼儿园到小学、初中，得到了广泛应用，逐渐形成了一个比较完善的诗歌分级诵读和指导体系。

2010 年，参照 PISA 和国际阅读素养进展研究项目（Progress in International Reading Literacy Study，以下简称

PIRLS）两大国际阅读素养评测体系，亲近母语研发出版了《阅读力测试》。2015年4月，亲近母语主办的第十一届中国儿童阅读论坛在南京举行。中国台湾联合大学系统原校长、美国宾夕法尼亚州立大学认知心理学博士曾志朗先生，著名儿童文学作家梅子涵教授，著名儿童文化学者朱自强教授等海峡两岸的学者，与小学语文教育名家一起，全面探讨了儿童阅读的分级和教育实践。2016年11月，亲近母语举办第七届儿童母语教育论坛暨亲近母语教育研讨会。以"儿童阅读素养测评和语文教育课程改革"为主题，来自美国的阅读评测专家与中国有关专家会聚一堂，深入探讨儿童阅读素养测评的理论实践和方法。

2018年4月，亲近母语完成中文分级阅读标准初稿，在第十四届中国儿童阅读论坛发布《母语背景下的儿童中文分级阅读》研究报告，并发布了中文分级阅读互联网产品——小步读书1.0版。

2020年6月，亲近母语推出在中文分级阅读标准指导下的儿童阅读师资能力认证项目。2020年8月，亲近母语基于中文分级阅读标准，根据一至九年级儿童的认知与心理特点，以及儿童阅读能力和素养发展的要求，精心研发了《中文分级阅读文库》，精选108本经典作品。

随着研究和实践的深入，亲近母语的中文分级阅读标准和相关应用、产品在不断升级和完善中。

中文分级阅读标准研制的意义和价值

现代和未来社会，儿童都应具备良好的阅读素养和健全的人格基础。阅读是一项重要而复杂的认知活动。阅读的过程，是阅读者和文本互动，和共读者互动，并不断建构意义，不断自我完善的过程。人类很早就有了听说能力，儿童只要拥有健康的生理功能，处在正常的语言环境中，自然就能学会听说。而阅读能力却不是天然就有的。中国儿童学习阅读，尤其是全社会的儿童学习阅读，是中华人民共和国成立之后的事情，在此之前，只有极少数的儿童有读书受教育的机会。

儿童的阅读能力并不是与生俱来的，必须经由后天的学习和实践，逐渐形成和获得。阅读也是一个长期、动态的发展过程。阅读指导和教育是培养儿童阅读能力和终身学习能力的一项系统性工程。儿童阅读指导和教育体系的构建离不开 3 个主场：家庭、学校和社会。从儿童的成长历程来看，起首要作用的就是家庭中的亲子阅读，与之相配合的是学校中的阅读教学，而整体社会的环境和氛围，也是促进儿童阅读的重要因素。不同的是，在家庭场景中，多以家长早期的陪伴性阅读、亲子共读和儿童的自主阅读为主；在学校场景中，则需要配备丰富的童书，开展各种阅读活动，构建体系化的阅读课程，教师依据学生的阅读水平与发展状况，实施相应的阅读指导，促进学生学习阅读，并用阅读去学习。社会场景中，可以分为三个部分：一个是在公共政策和事业层面，更多的是倡导，如关于阅读政策的制定，广泛性阅读活动的策划和开展，儿童图书馆的建立和开展相应的活动及阅读指导；一个是产业化层面，提供儿童阅读所需要的童书创作和出版、推广、教育等；一个是公益层面，为缺乏图书的儿童提供童书和阅读指导。

儿童处于生理、心理快速发展的阶段，不同年龄、不同家庭背景、不同个性的儿童，阅读动机、阅读兴趣和阅读能力千差万别。家庭是每个儿童成长的摇篮。10岁之前的阅读和教育，对儿童的终身发展起着至关重要的作用。但年轻的父母，很难有机会接受专业、优质的亲子阅读指导。如果能有一个科学的中文分级阅读标准和儿童阅读指导体系，将对提高父母的整体素质和亲子阅读水准、培育书香家庭、培养儿童人生初期的阅读兴趣和习惯起到重要的作用。在国家全民阅读政策的倡导下，在亲近母语、"新教育实验"、"百班千人"、"班班共读"等众多机构的推动下，很多学校和教师开展了丰富的儿童阅读实践。但如何评定每个儿童的阅读能力和素养，如何帮助孩子选择更优质、更丰富的童书，如何更好地促进儿童的自主阅读，如何为不同年级、不同水平、不同爱好的学生提供更科学、更具个性化的阅读指导，仍是需要研究和深化解决的问题。培养一批具有专业素养、合格的儿童阅读师资，更是当务之急。

2006年以来，中国的童书创作和出版进入了高速发展的时期，但关于分级阅读的理论建设还处于探索期。这些书适合多大的孩子、什么样阅读程度的孩子阅读；如何更好地进入家庭、学校、图书馆和各级各类的阅读馆、教育机构，这些都是亟待解决的问题。社会各界，也呼唤一个相对科学的中文分级阅读标准，来推动更好的创作、出版、阅读推广和阅读指导。

西方的分级阅读研究及分级阅读体系提供了大量可供参考的经验，国内中文分级阅读经过20余年的探索也形成了一些基本的思路，具备一定的群众基础和推广基础。当下汉语语料库的逐步建立、人工智能的飞速发展、大数据的深度挖掘，教育学、心理学、语言学、图书馆学等学科领域的不断发展，都为中文分级阅读标准的研制提供了更多的支持。

亲近母语中文分级阅读标准制定的原则

亲近母语中文分级阅读标准的制定，主要遵循以下三个重要的原则：

儿童性：
尊重儿童身心发展规律

标准制定
三大原则

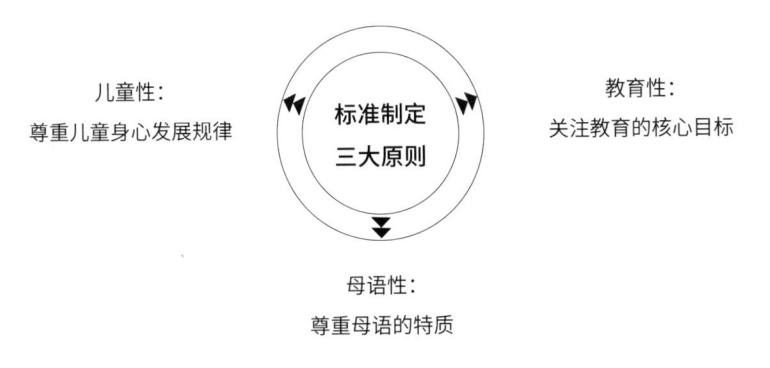

教育性：
关注教育的核心目标

母语性：
尊重母语的特质

图1　标准制定三大原则

儿童性：尊重儿童身心发展规律

面向儿童的分级阅读，首先就要树立现代的儿童观，切实了解儿童的身心发展规律，尊重不同发展阶段儿童的生命状态。在研究和参考了大量的发展心理学、脑科学、教育学等相关领域的著作，并结合我国的普遍学情之后，我们将儿童的年龄界定为 0~18 岁，分成"0~3 岁""3~6 岁""小学早期""小学中期""小学后期""初中期""高中期"7 个时期。每个时期，儿童的身心发展特点都是不同的，适合阅读的文本自然也各有特点。

第一个时期是 0~3 岁

儿童的大脑和身体快速发育，在长期探索环境和与他人交流的过程中逐渐形成了自我意识。1~3 岁时，儿童的记忆达到第一个高峰，对于结构相似、不断反复的诗歌和故事，能更好地进行识记。

1 岁前，婴儿的口头语言开始孕育和发生。不论哪个民族的儿童，一般八九个月大的时候开始咿呀学语，十四五个月时开始说话；2 岁左右，进入第一个语言爆发期；3 岁左右掌握基本的生活口语。

这个阶段是儿童阅读的萌芽期。1 岁之前，他们更多地把书当作玩具，和其他玩具一样可以撕、咬、玩耍，家长可以带他们阅读一些有趣的玩具书、认知卡片和认知类图书，以及富有韵律的童谣书，和宝宝开展阅读和律动游戏。1岁以后，家长可以选择情节简单、趣味性强、符合宝宝心理需求的童谣、图画书、睡前故事书与孩子进行各种阅读互动。总之，这个阶段让孩子听到丰富的词汇，感受语言本身的节奏和趣味更为重要。

第二个时期一般指3~6岁

这个时期儿童一般会进入幼儿园。随着大脑的快速发育和由家庭到幼儿园的环境变化，这个阶段的儿童不仅更擅长学习，也开始尝试控制自己。他们的感知能力进一步发展，抽象逻辑思维也开始萌芽。此时幼儿的自我意识发展较快，想要摆脱成人的保护，独立去做一些事情。

这个时期的儿童进入了语言发展的黄金期。他们已经掌握了许多词汇，并能运用这些词汇表达自己的想法。在交流中，他们所说的句子结构变得越来越丰富，不过简单句仍占有相当大的比重。

这个时期儿童的阅读仍旧需要家长的帮助，他们需要通过听读去理解文本。通过亲子共读，儿童能获得大量的语言输入，有助于其更好地习得母语。对于早期阅读开展较好的儿童，这个阶段已经有主动翻页、独立阅读的行为。语言和思维的发展，使儿童对外部世界和自我产生浓厚的兴趣，这个时期的儿童可以阅读童谣、诗歌，以及结构稍微复杂一些的图画书和简短有趣的小故事。

第三个时期是小学早期，一般指小学一、二年级

这个阶段的儿童处于小学生活的起始阶段，在学习和各种实践活动中，他们的认知、智力和自我意识等方面都有了较大的发展。

这一阶段的儿童，生活口语已经基本成熟，可以使用连贯、有层次的语言，叙述一件完整的事情。他们的书面语言也有了一定的发展，但落后于口头语言的能力。

该阶段，儿童能够阅读拼音读物，并从亲子共读逐步过渡到自主阅读。这个阶段的儿童可以阅读一些描写学校生活的图书。成人要鼓励儿童跟伙伴交往，并帮助孩子掌握与伙伴交往的一些原则。此时，一些童话中描述小动物之间如何交往的故事以及一些儿童的生活故事等，都很适合孩子阅读。小学早期的儿童对更大范围的世界有更多的好奇和探索的兴趣，一些想象力丰富的童话以及简单的科普读物，都是这个阶段的儿童喜欢的图书。

第四个时期是小学中期，一般指小学三、四年级

这是儿童成长中的一个重要的转折期，他们处于从形象思维向抽象思维过渡的阶段，逐渐知道怎样观察和思考，怎样运用知识去解决问题。而且此时儿童的自我意识逐渐发展，并处于形成自信心的关键期，部分儿童开始表现出想要独立和摆脱成人控制的欲望。

此时儿童的口头语言能力有了进一步的发展，他们的词汇量增加，能使用连贯、有层次的语言进行比较完整的叙述。他们的书面语言也不断发展，可以运用文字较为顺畅地表达自己的想法，并初步掌握不同体裁文章的写作方式。

国际上普遍认为，儿童在四年级以前要学会阅读，四年级以后要通过阅读去学习。这个阶段，也是儿童学习写作的起步阶段。要注意选择具有文学性和母语性的文学作品，带领他们阅读。这个时期的儿童关注的范围不再局限于家庭和学校，他们可以阅读有一定广度和深度的图书，比如历史故事、人物传记、科学故事等。除了阅读国外的优秀作品，儿童还应该阅读一些中国神话、英雄传说和民间故事，从《开天辟地》《夸父逐日》《大禹治水》等故事

中，感受生命的力量，感受我们的祖先不惧艰辛、为民众造福的精神。

第五个时期是小学后期，一般指小学五、六年级

此时儿童在生理上进一步成熟，部分男生和大部分女生开始进入少年期、青春早期，出现明显的第二性征。该阶段的儿童抽象思维快速发展，可以独立做出判断，并学习用不同观点看问题。这个时期也是培养儿童同理心的黄金期。

小学后期的儿童已具备丰富的词汇量，能够快速提取、理解听到的或看到的语言的意义，并能熟练掌握和运用许多抽象词汇。他们的书面语言已经较为成熟，能较为流畅和连贯地用文字表达自己的观点。到了小学的最后阶段，部分儿童开始拥有元语言意识[1]，逐渐理解自己是如何使用语言的。

这个阶段的儿童已经具备了一定的识字量，词汇量逐渐丰富，也有了一定的阅读理解能力和逻辑思维能力，可

---

1 对语言规则的有意识理解和操作能力。

以开始阅读有一定深度的作品，以满足他们的精神成长需要，形成一定的思考能力。求知欲强的孩子会倾向于阅读更有挑战性的作品，追求更为深入的阅读体验。此时的阅读除了在深度上可以加深，广度上同样也需要拓宽，可以阅读童话、动物小说、科幻小说、英雄史诗和人物传记等不同类型的读物。

第六个时期是初中期，一般指初中一年级至三年级

此时的儿童渐渐进入青春期，他们的外形和生理、心理变化很大。无论是视觉、听觉，还是空间知觉、时间知觉、观察力都有了显著的发展，抽象逻辑思维能力的发展进入关键期。这一阶段的儿童具有较强的自我意识和自尊心。他们开始审视自己的身份和自己必须承担的社会角色，学着从更广阔的视角看待自己。

他们已经具有日常口语交际的基本能力，初步学会文明地进行人际沟通和社会交往。口语发展特别优异的孩子，能积极参加各种讨论，并能就适当的话题作即席讲话和有准备的主题演讲。他们的书面语言朝纵深方向继续发展，乐于运用所学的词语，并能熟练地掌握各种文体的写作。

初中时期的儿童，既要面对从小学阶段到初中阶段学习任务的变化，又要面对青春期带来的心理和生理变化，会面临许多的压力和挑战。该阶段的儿童逐渐形成了一定的审美能力和阅读需求，并且懂得愉悦自己，他们的思维独立性也日益提高，同时表现出明显的批判性。这个阶段，我们需要注意青少年阅读的广度和深度。

第七个时期是高中期，一般指高中一年级至三年级

此时也是儿童青春发育的末期和身体发展的定型期。高中生的观察力远远超过了初中生，逻辑记忆、有意记忆、意义记忆越来越成为记忆的主导。情绪逐渐从外显走向内隐。他们自我评价的独立性有所发展，开始自觉审视自己的内心，但是一般还不够客观。

高中阶段的儿童，口语交际能力已经较为成熟，具有了一定的演讲能力。他们的书面语言也已经比较成熟，对诗歌散文、小说戏剧、新闻传记、应用文等各种文体都能熟练掌握，并能运用一些文体展开写作。

社会性的发展，标志着高中生正在走向成熟。他们适合阅读更具深度和广度的作品，例如中外经典名著等。他

们的道德知识结构日益复杂，对道德概念的理解达到了较高的水平，能够一分为二地评价道德事件。此时的阅读可以有较大的开放度。同时，他们已经表现出比较强的个性和倾向性，阅读的内容应更丰富，更个性化。

母语性：尊重母语的特质

英文分级阅读之所以发展出了丰富而成熟的体系，不仅因为其有百余年的历史，也不仅因为西方科技发达，更早启用科技手段对文本分级和对阅读素养进行评测，也和英语本身的特点相关。相比中文，英文是拼音文字，只有26个字母，英语音标也不是非常复杂。相对而言，儿童识记单词比较容易。同时英语词汇的分级体系非常成熟，不同级别需要掌握哪些词汇，非常明确。英语比较注重严谨性，长句多，句子结构相对复杂，一般情况下，句子的长短往往就决定了语意的深浅。因此，"蓝思分级阅读"主要是根据词频和句子的长度这两个参数，来确定文本的难易程度，并对文本进行分级。

跟英文分级阅读相比，中文分级阅读的难度更大。既然是中文分级阅读，我们就不可能照搬西方的体系。无论是文本分级，还是阅读素养评测、儿童阅读素养发展标准的制定，都必须从中文的特质、从儿童学习中文的特点出发，找到更科学的分级方法。

中国古代教育发展到成熟的时候，也有近似于分级教育、分级阅读的理念。更准确地说，中国传统教育，也有它的"次第"。古代的儿童，进私塾之前，要先进蒙学馆开蒙识字。识字的读物主要是《三字经》《百家姓》《千字文》《声律启蒙》《笠翁对韵》《千家诗》《龙文鞭影》等。这些蒙学读物的出现，体现了中国古代教育在儿童观上的巨大进步。这些音律和谐的韵文，将天文地理、历史典故、文化常识、传统礼仪、儒家道义等包含其中，既帮助孩子识字，又实现了常识教育和道德教化。

开蒙之后，古代的儿童从六七岁到十四五岁，分别为上私塾、学馆时期。其主要任务是诵读和学习"四书"，主要的方法以吟诵和诵背为主。二十岁左右，为官学时期，他们一般会去县学、府学继续学习，相当于现在去县高中读书，学习的内容是在熟读"四书"的基础上，学习解经，研习儒家经义，同时开始逐渐广泛阅读诗词歌赋、经史子集，学习琴棋书画，修身养性，等等，并在此基础上，进行写作的训练和义理的阐发。

中国传统教育的"次第"，阅读和课程内容、学习方式的安排，在当时的历史条件下，是符合传统社会教育的目标和不同阶段儿童的学习和认知规律的。

我们今天要建立的中文分级阅读标准，要面对的汉语语料是非常复杂的。中文有古代汉语和现代汉语之分。任何一个中文分级阅读体系，首先要做界定，儿童阅读的文本，是指所有的中文语料，还是专指现代汉语的语料？这些不同范围的文本，有着不同的特征。尤其是文言文、古白话，和现代汉语相比，在词汇、语法方面的差异决定了其在表达情感和思想等方面的差异。

建立中文分级阅读标准，要面对的难题绝不仅仅是语料的时代性问题。中文分级阅读还必然要对文本进行科学的分级。如何采用技术手段，找到合理的参数，建立算法模型，确定每一个文本的难易程度，是我们要着力解决的问题。

首先看汉字。对于英文分级阅读而言，"识字"不是最重要的问题。英文只有26个字母，虽然并不是学会这26个字母，或者能拼读音标就能进行英文阅读，但因为英文是表音文字，因此在识记26个字母和学会拼读音标后，学习词汇，相对而言难度不大。

汉字则不然。阅读必然以识字为前提，中文阅读遇到的第一个拦路虎，便是识字。汉字数量众多，难记难认。东汉的《说文解字》收字9 353个，清朝《康熙字典》收字47 035个,《新华字典》收字11 200个左右。1994年中华书局、中国友谊出版公司出版的《中华字海》收字最多,达到85 568个。我们经常使用的字是常用字,也就是阅读一般书报刊需要掌握的字。1988年国家语言文字委员会、国家教育委员会发布了《现代汉语常用字表》,其中包括"常用字"2 500个,"次常用字"1 000个,共3 500个。1988年发布的《现代汉语通用字表》收录7 000个字。对于中文分级阅读而言,最重要的当然是3 500个常用字,这也是小学阶段儿童语文学习的主要任务之一。尤其是一、二年级,必须完成1 800个字的识字量,这是中国儿童首先面临并要解决的一个难题。

但这3 500个常用汉字应如何更好地进行分级,儿童应该首先识记哪些汉字才能开始基本的阅读,这是中文分级阅读研究必须解决的问题。目前,并没有公认的汉字分级标准,只有很少的资料可以参考。例如语文教材的《生字表》。但这些生字主要来自课文,并不完全是从儿童识字规律角度所做的分级。国家对外汉语考试中心发布的《汉语水平词汇与汉字等级大纲》,凝聚了专家团队的巨大努力,但其应用于国际汉语教学,和主要应用于国内的中文分级阅读的标准,还是有很大的不同。

然后是词汇。英文分级阅读中,有非常完善的词汇分级标准，但中文的词汇分级研究还很不完善。从20世纪中期起，有关部门、相关单位陆续研制、公布的汉语词表有20多种，2019年5月，《义务教育常用词表（草案）》出版。这些常用的语料库，主要还是中小学语文教材语料库、现代汉语通用语料库、国家语言资源库。这些词表主要用于对外汉语教学、中文信息处理，或是面向社会一般应用的通用词表。相对而言，这些词表的目标不在词汇分级，所做的一些词汇分级也相对宽泛，例如《汉语水平词汇与汉字等级大纲》，将词汇分为甲（3 000）、乙（8 000）、丙（5 000）、丁（1 000）四级，分类方法主要采用音序排列，对中文分级阅读来说参照意义不是很大。

中文分级阅读标准的基础工作之一，是从儿童阅读出发，建立一个合理的儿童语料库，并在此基础上，对词汇进行分级。这是非常必要，也是非常浩大的一项工程。

从儿童母语学习的角度来看，虽然在起步阶段中文阅读和学习的难度要高一些，但也有很多的优势。中文分级阅读必须从儿童阅读和语言学习的规律出发，深刻认识和把握汉语的特质，充分发挥中文学习的优势。例如掌握好汉字中的根本字和基本字，对识记3 500个常用字，非常有帮助；例如汉字的基本字的滋生性、联想性很强，可以很好地帮助儿童掌握词汇等。

虽然英文词汇分级比较成熟，英文单词也有词根、词缀等，识记词汇有规律可循，但跟汉语相比，英文的词汇量更大，儿童学习英语往往入门容易，而真正学好英语，还是要有相当的词汇量。中国儿童开始阅读，必须先识记一定数量的汉字，而因为汉字是表意文字，形声字较多，滋生性较强，儿童在掌握一定量的基本字后，如果能辅以必要的集中识字、听读和阅读，词汇量的增长会比较快。

现代汉语的词汇，根据语法功能的不同，可以分为实词和虚词两大类。虚词的数量相对比较固定。它们类似于古代木质家具中的"榫卯"，在句子中往往起着连接、过渡、递进、加强、转折、解释、猜测等作用。儿童往往能在听说、阅读中逐渐掌握虚词的应用，并理解其语义。虚词出现的频率虽然比较高，但因为其往往不具有具体的意义，单独识记的难度较大。因此最适合的方法，是根据虚词出现的频率，以及其所表达语意的复杂程度，将它们分为不同级别，以便于不同阶段的儿童学习和掌握。

古代汉语词汇以单音节词为主，但现代汉语却以双音节词为主。常用字，尤其是基本字的能产性、滋生性很强。以名词为例，认识了"马"这个基本字，儿童很容易掌握骑马、马腿、马头、马尾、母马、公马、小马、马驹、野马、马匹、马粪、木马、宝马、马厩等词汇。

汉语的动词也很丰富，也可以进一步分级。例如一个孩子被另外一个孩子用手敲了一下头，被打的孩子往往只会说："他打了我一下。"能用"敲"的孩子，显然比只会用"打"的孩子掌握的语言要更丰富。能根据不同场景，用好"打""拍""拖""拉""捏""捶""扔""挥""抛""摔""甩""握""拿""提""拎"等动词的孩子，显然在对生活的感受力、思维的准确性、语言表达能力等方面更具优势。

汉语中的形容词，跟中文分级阅读的关系更为密切。形容词，一般描写人或者事物的性质、状态、特征、属性。儿童最初掌握的一些词，往往是比较概括的、简单的、普通常用的词汇。例如他会说："我今天很高兴"，或者"我很开心"。但他如果能表述"我很快乐""我很兴奋""我很喜悦""我很称心""我很振奋""我很欢欣"等，他的词汇量是完全不一样的。而一些词语则不符合普遍的儿童心理与认知，例如"彷徨""惶恐"这些词，就不宜出现在幼儿以及小学生的阅读文本中。

其他实词，如数词、量词、代词等也一样。尤其是量词，汉语中的量词非常丰富。每一种不同的事物所用的量词是不同的。例如：一头牛、一条鱼、一匹马、一只鸡、一个人。你不能说成一头鱼、一匹牛、一只人。

从这个意义上说，汉语的形象性、精确性又是很强的。

再说句子。在英文文本中,一般句子越长,表意越丰富,阅读难度越大。在现代汉语中,一般情况下,这个原则也成立。但有一些特殊的情况:一是古诗。因为古诗往往五言、七言诗居多,句子长度已经被限制,如果把它们跟一般文本放在一起来分级,当然不是句子越长难度越大。二是文言文。在中国古代,因为受到书写工具和书写载体的限制,文字书写的难度和成本都比较高,因此文言文一般都非常简短,但表意却很丰富。三是,许多现当代的优秀作家,他们受到古汉语简约美的影响,崇尚用短句子,用意会的方法形成丰富的表达效果。例如鲁迅先生的《狂人日记》:

今天晚上,很好的月光。我不见这月光,已是三十多年。

汪曾祺先生的《葡萄月令》:

一月,下大雪。
雪静静地下着。果园一片白。听不到一点声音。
葡萄睡在铺着白雪的窖里。
二月里刮春风。

这样的文本，我们不可能像英文分级阅读那样，单纯以字数的多少、句子的长短来确定文本的难度和级别。相比较而言，中文信息类文本的分级和英文分级的标准，没有太大的区别，但文学类文本的分级标准差别很大。

句群和段落、篇章的情况，跟句子也有类似。一般情况下，越长的段落、篇章，其对应的文本难度越高，但不能一概而论。不用说《老子》这样的经典，就是在现当代文学作品中，也有不少的短章，含义却很深刻。这跟中文不是单纯以理性来组织语言，表达思想和情感，而重视"意合""意会""感悟""体悟"这样的方式，有很大的关系。

每一个民族，每一个国家的经典文本，一定都蕴含着他们自身的情感、文化、价值观。中国是一个历史悠久的文明古国，而且文化一直延续，从未中断，因此中文文本表达的内容、主题，思想和情感以及表达手法等，更有其自身显著的特点。

其中一个重要特点是，汉语是一门重视韵律、音乐性很强的语言。不仅是童谣、童诗、古典诗歌、现代诗等诗歌文本，经典的中文文本，往往都有音乐性。一流的散文、小说，甚至演讲、议论文，都有诗性。即使是儿童文学的文本，虽然更接近儿童的生活和情感，但一流的儿童文学作品，一定在语言、情感意蕴、表达风格上，更有母语的特质。现当代文学文本、古典文学文本，就更是如此。这些文本在表现时代和人物、表现社会生活的同时，一般都凝结着中国人的情感、价值观、文化精神，蕴含着中国文化的意境与审美。在建立中文分级阅读体系时，我们必须尊重和理解中文的特点，做出更科学的分级和阅读指导。

由于篇幅所限，以上的描述，并不能完全勾勒出中文的全部特质，以及完整表达在中文分级阅读研究时应该注意的所有问题。

中文文本的特质，以及各个阶段儿童的认知、情感和语言发展特点，决定了儿童母语学习的方式，对中文分级阅读标准和阅读指导体系的建构，也有很大的影响。具体来说，在构建中文分级阅读标准时，必须把诗歌的诵读和学习放在整体框架内，充分重视诵读、吟诵、涵泳、感悟等阅读方式；幼儿、小学低段的阅读应更重视韵语、韵文的学习，以增强孩子的阅读兴趣，运用好儿童已有的听读能力，以及他们天生对韵律的热爱，帮助他们开始阅读；要更重视朗读，而不应该完全参照英文分级阅读体系和阅读指导体系，过分强调和突出默读的重要性；在各个学段，应该重视蕴含母语文化因素文本的阅读，让儿童在阅读中逐渐形成文化积淀和审美情趣，受到家国情怀、天人合一、天下为公等中国文化精神的熏染。

教育性：关注教育发展的核心目标

亲近母语中文分级阅读标准的核心在于儿童阅读素养发展标准的研发和制定。我们必须看到，无论是自主阅读还是指导性阅读，阅读本质上是一种教育活动。因此中文分级阅读标准的研制，离不开对教育目的的思考和对教育价值的求索。

1. 必须把儿童的阅读素养发展放在核心位置

中文分级阅读标准，必然要把儿童的阅读素养发展放在核心的位置，并对儿童阅读素养的内涵和外延，做恰当的界定和描述；对各个阶段儿童应该达到的发展目标，做尽可能科学而详细的描述。这样才能真正指导家庭的阅读互动，为学校和专业机构的儿童阅读提供科学指导。

2. 必须把培养儿童面向未来的核心素养放在突出的位置

2016年9月，中国学生发展核心素养研究成果发布。中国学生发展核心素养，主要指学生应具备的，能够适应终身发展和社会发展需要的必备品格和关键能力。核心素养以科学性、时代性和民族性为基本原则，以培养"全面发展的人"为核心，分为文化基础、自主发展、社会参与三大方面。综合表现为人文底蕴、科学精神、学会学习、健康生活、责任担当、实践创新六大素养，具体细化为"人文情怀""审美情趣""理性思维""国家认同"等十八个基本要点。这些要点，既有对社会的关注，又有对个人的培养；既有对人文的重视，又有对科学的追求；既通过方方面面培养人的综合能力，又鼓励创新，注重保持人的个性；既注意培养学生传统文化根基，又号召学生丰富现代品质，充分体现了和现代社会发展所匹配的教育性。这也是我们研制中文分级阅读标准所坚持的方向。

3. 必须要和新时代"立德树人"的根本任务与教育目标保持一致，培养完整而和谐发展的人

阅读不仅仅是儿童识字认字、学习知识的一种方法，更是儿童构建精神世界的一种重要途径。无论是文本分级标准，还是儿童阅读素养发展标准，不可能只是策略性的、认知性的，不可能只强调阅读中的认知和思维发展目标，而不重视阅读对儿童的情感培育、人格发展、价值观教育的作用。

中文分级阅读的培养目标，要和新时代"立德树人"的根本任务，和"培养担当民族复兴大任的时代新人"的教育目标保持一致。同时，亲近母语注重儿童的潜能发挥和个性发展，希望培养完整、和谐发展的人。

我们认为,中文分级阅读的本质是阅读教育,首先要培养把个人价值和社会价值统一起来的人。在教育学研究领域,教育目的的个人本位论和社会本位论一直争执不休。有人认为教育的目的就是发展个体,该观点以卢梭、爱伦·凯为代表;还有人认为教育的首要目的是满足社会发展,个体应当服从社会意志,该观点以涂尔干为代表。中国学生发展核心素养强调学生能处理好自我与社会的关系,遵守现代公民所必须遵守和履行的道德准则和行为规范,增强社会责任感,提升创新精神和实践能力,促进个人价值实现,推动社会发展进步,发展成为有理想信念、敢于担当的人。

在中文分级阅读中,我们不能仅仅把阅读看成是儿童个体的休闲行为,而要注重阅读的教育作用,选择更多关于人类精神的闪耀者、中华文化传承者的英雄传说、传记、故事等,让儿童在精神上得到成长。

其次,中文分级阅读要培养出兼具科学精神和人文精神的人。站在极端科学主义的立场上,人文主义的许多教育观念都是陈旧落后、缺乏实用价值的;站在极端人文主义的立场上,现代科学的发展对人性是一种摧残,对文明是一种毁灭。随着社会的发展,越来越多的人意识到科学和人文都是至关重要的,并提出了"科学人文主义"的教育观。联合国教科文组织国际发展委员会对"科学人文主义"是这样解释的:"它是人道主义的,因为它的目的主要是关心人和他的福利;它又是科学的,因为它的人道主义的内容还要通过科学对人与世界的知识领域继续不断地做出新贡献而加以规定和充实。"要培养出富有科学精神和人文精神的人,需要坚持科学人文主义的教育观。因此,在中文分级阅读中,要注重"阅读配餐",注重文学、人文和科学读物的平衡。要在阅读中,挖掘文本的科学精神与人文精神,注重发展儿童的理性思维和逻辑能力。

再次,中文分级阅读还要培养把全面发展和保持个性统一起来的人。全面发展的教育观念,是经过我国漫长教育发展历程所产生的探索结晶,也是新世纪、新时代对教育提出的新要求。全面发展并不代表着要面面俱到、不分主次地发展,而是人的各项基本素质需要全面的发展,尽量避免出现心理缺陷、人格不健全、价值观缺失等重大问题。阅读教育在这方面,有很重要的引导和熏染作用。此外,除了注重人的全面发展,我们还要培养出富有个性的创新型人才。教育的个性化和人的全面发展并不矛盾,而且相互补充。我国著名心理学家朱智贤在《全面发展因材施教的方针是符合个性发展的客观规律的》一文中指出:"所谓个性全面发展的人,乃是指在智、德、体、美以及劳动能力各方面都获得正常的、健全的、和谐的发展，而同时又是能够充分发展各自的性格、兴趣和才能的活生生的人。"在阅读教育中，要尽量摒弃标准化答案，注重儿童个性化的阅读表达，激发和鼓励儿童在阅读中发现问题，用阅读解决问题。

最后，中文分级阅读还要培养把传统文化精髓和优秀现代品质统一起来的人。人的现代品质，也是现代社会全面发展的人的一个重要方面。培养有现代品质的人，一定绕不开对传统文化的继承和发展。中国传统文化是一笔巨大的文化财富，但同时也有根植于农业文明带来的保守思维。所以，我们对传统和现代的态度应该是：创造性转化和创新性发展，做一个有文化根基的现代中国人。

亲近母语中文分级阅读标准

  中文分级标准的制定是一项科学系统的工作，它既基于对儿童生理（身心发展特点和规律）认知和语言发展、儿童情感发展、儿童人格养成等各个方面的基础研究，也建立在对儿童阅读的文本和资源、儿童阅读素养发展、儿童阅读指导等领域的深入探索的基础上。

  亲近母语中文分级阅读标准，是在国家推动全民阅读的背景下，在落实义务制教育语文课程标准中关于阅读教学，以及课外阅读目标的基础上研发的。国家课程标准中提出的各个学段的阅读发展目标是基本的，每一个儿童都应该达到的目标。亲近母语在此基础上，针对有更高需求的家庭和学校，提出建议性的儿童阅读素养发展标准。

  亲近母语中文分级阅读标准由两部分构成：

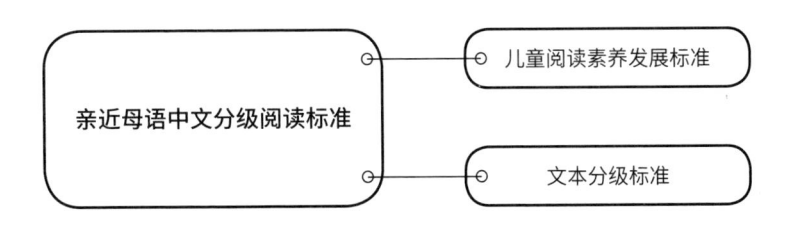

图 2 亲近母语中文分级阅读标准

一是儿童阅读素养发展标准。该部分为亲近母语中文分级阅读标准的核心，主要从儿童的生命阶段出发，依据不同阶段儿童的生理、认知和语言发展、情感和社会化以及人格发展特点，基于《义务教育语文课程标准（2011年版）》规定的每一个儿童应该达到的阅读素养标准，研制通过儿童的自主阅读和相应的阅读指导、阅读教育，儿童可以达到的发展标准。

二是文本分级标准。文本分级标准服务于儿童阅读素养发展标准，根据不同年龄段儿童的阅读素养水平，为儿童匹配适合的文本。在本标准中我们仅提供文本难易度分级的指标参照，并未固定文本分级的级别数量。有能力的中文分级阅读研发机构，可以根据机构自身的需要，设定不同的参数，开发自己的文本分级方法和体系。

儿童阅读素养发展标准

（一）"阅读素养"的概念界定

PIRLS 指出，阅读素养是"阅读者理解和运用社会需要的，或个人认为有价值的书面语言形式的能力。年轻的阅读者能够从各种形式的文章中构建意义。他们能够通过阅读进行学习，参与到学校和日常生活的各项活动中"。

PISA 将阅读素养界定为"学生为达到个人目标、形成个人知识和潜能及参与社会活动，理解、运用和反思书面材料的能力"。

这两个国际重要的阅读评价项目对阅读素养的界定虽有不同，但也有很多共同点：第一，两个体系都将"书面材料"作为阅读的主要对象；第二，两个体系中都认为阅读素养包括理解和运用，PISA 在此基础上突出对文本的反思；第三，相比较而言，PIRLS 更强调阅读本身，以及阅读对学习的意义。PISA 则更关注阅读的实践应用，以及阅读对个体发展和介入社会生活的价值。这和两者的测评对象不同有关。PIRLS 的测试对象是四年级小学生，PISA 的测试对象则是平均年龄在 15 岁左右的中学生。测评对象所处的阅读阶段不同，阅读的任务和目标当然也不同。

综合来看，阅读素养有着丰富的内涵，既包含儿童对书面文本的理解、反思、运用、构建意义等一系列的认知能力，也有积极参与阅读、享受阅读的乐趣，培养阅读兴趣和习惯，通过阅读丰富情感、涵养心性、发展个性和社会性等情志层面的内涵。

亲近母语认为，儿童的阅读素养是指儿童为了学习、生活、未来融入社会，更好地生存和发展而具备的理解、反思、运用书面材料、构建意义的能力，以及在阅读活动中展现的兴趣、习惯和通过阅读内化而成的情感、态度和价值观等。

（二）儿童阅读素养发展标准的维度阐释

在儿童阅读素养发展标准中，儿童阅读素养具体分为三个维度（如图3所示），分别是知识、技能和能力，兴趣、习惯和积累，情感、态度和价值观，每一个维度都指向儿童的发展。

在研究和构建标准过程中，对于"阅读积累"这个维度，是否需要单独提出，是放在"知识、技能和能力"维度中表述，还是放在"兴趣、习惯和积累"这个维度表述，标准研制组和专家审读组有不同的意见。我们做了讨论后，决定将它单独提出，并在"兴趣、习惯和积累"这个维度中加以表述。

```
                知识、技能和能力
                      ⇧
                 ╭─────────╮
                │ 儿童阅读素养 │
                 ╰─────────╯
                 ⇙         ⇘
        兴趣、习惯和积累      情感、态度和价值观
```

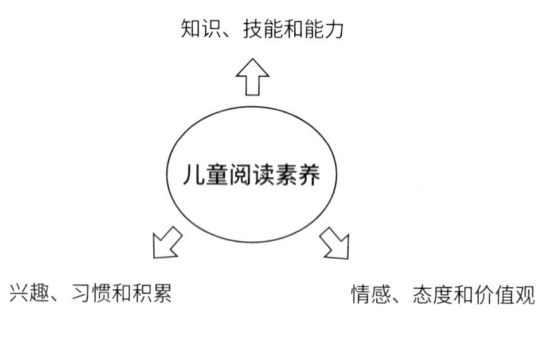

图3　儿童阅读素养的三个维度

阅读量，是衡量儿童阅读素养的一个重要指标，《义务教育语文课程标准（2011年版）》中明确提出了义务制教育阶段儿童的课外阅读总量应在400万字以上，其中小学阶段为145万字。亲近母语"十五"规划课题，最初就是为了落实这个基本目标而开始研究和实验的。将阅读量简单归为阅读知识，比较牵强。阅读知识，一般指关于阅读的常识，例如识多少字，关于文体的常识等。阅读能力，一般指朗读和默读能力，或是指阅读文本中所表现出的分析、综合等认知、体验和感悟等能力。因此，将阅读量归为阅读能力也不太科学。

诵读、熟读，包括诵背一定量的经典语料，既是儿童

阅读素养的一个重要指标，也是传统语文教育特别注重的方面。现代教育对这一点，有比较多的批评。但随着脑科学、认知科学等方面研究的深入，人们越来越认识到，童年的诵读、熟读甚至背诵一定量的经典语料，对儿童阅读能力、母语学习能力以及专注力的提升作用。诵读和熟读一定数量的经典语料，突出、强调的是掌握一定数量的经典语料，并非强调诵读能力本身，因此放入"知识、技能和能力"维度中的任何一个方面，都不是很恰切。它具有日积月累长期形成的特点，更接近于"兴趣、习惯"维度。因此亲近母语中文分级阅读标准把它作为一个单独的子维度提出来，并和"兴趣、习惯"并列为第二维度。需要特别说明的是，诵读、熟读，包括诵背一定数量的经典语料，需要在适度、科学的范围内，不能死记硬背，影响儿童理解和反思文本，不利于儿童批判性思维的发展。

1. 知识、技能和能力

主要指儿童通过该阶段的阅读教育，应该具备的阅读知识、阅读技能和阅读能力。它们是儿童阅读素养形成的重要基础。

阅读知识主要包括识字量和一些与阅读相关的基础知识。识字量反映的是儿童接触了大量的语言材料，进行广泛阅读后所掌握的汉字数量，是儿童迈向更广阔阅读的基础。在语言发展层面上，儿童的阅读对象是语言文字，丰富的识字量有助于儿童读懂文本并获得自己的理解。结合中文和汉字的特点，识字量一般代表了儿童词汇的丰富程度。《义务教育语文课程标准（2011年版）》规定了每个学段、每个年级的识字量要求，而分级阅读是对课内阅读的延伸与实践，也是有效地巩固和拓展识字量的途径和手段。同时，一些文化常识、不同文体的特点等阅读知识，也有助于儿童理解和学习文本。

阅读技能主要指阅读方法和阅读策略。阅读方法，根据是否出声，可以分为朗读和默读。相比较而言，童谣、诗歌、戏剧更适合朗读，散文、小说则相对适合默读。总体来看，儿童从朗读发展到默读大致会经历"大声朗读—轻声念诵—动唇默读—无声默读"的过程。小学低年级是朗读的主要发展阶段，中、高年级逐步掌握默读，且默读有一定的速度要求，《义务教育语文课程标准（2011年版）》要求高年级每分钟不少于300个字，初中之后孩子的默读能力发展得更加完善，阅读一般现代文，要求每分钟不少于500个字。

根据阅读程度的不同，阅读方法又可以分为诵读、精读、略读和浏览。诵读是指不仅仅要大声读，而且要读出情感，读出节奏，甚至熟读成诵；精读主要指儿童对教材和一些经典语料的反复揣摩和学习；略读主要指简略地阅读文本，是一种常用的阅读方法；浏览主要指以快速获取信息为目标的阅读方法。

现代教育比较重视默读，往往认为阅读素养的核心就是持续默读的能力和默读的速度。但需要注意的是，汉语讲究音韵，传统的语文教育特别注重诵背和涵泳。让儿童通过朗读，调动多种感官来感受语言，可以加强儿童对文本的理解和内化。

阅读技能还包括阅读策略。阅读策略通常是指为了获得更好的阅读效果，在阅读的过程中基于不同目的，有意识地采取的阅读方法。如预测、联结、批注等，也包括帮助儿童更好地理解文本而使用的可视化思维工具，如思维导图、情节绳等。儿童阅读策略的发展目标关注三个角度：一是阅读的目的，二是阅读情境的变化，三是阅读活动的具体安排。

从珍妮·乔尔（Jeanne Chall）提出的阅读发展阶段理论来看，四年级（10岁）之前是儿童"学习阅读（learn to read）"的阶段，在这一阶段儿童需要学习和掌握的阅读策略较为浅显。比如，通过逐字回读和适当断句读通文本，对文本有大致的理解；在自然、流畅阅读文本的基础上，适当运用推测和想象的策略补充文本中的一些空白。

四年级之后，儿童逐步过渡至"通过阅读学习（read to learn）"的阶段，掌握的阅读策略也变得复杂起来。并且，儿童经过良好的阅读教育和学习，逐步发展出根据阅读目的和阅读体裁的不同，选择相应阅读策略的意识，阅读时的自我调节也逐渐熟练。如在阅读时关注文本中的重要信息，学会适当停顿，用批注将自己对文本的思考写下来。儿童的阅读策略指导不是机械地让他们掌握各项策略，也不是矮化儿童的阅读过程和意义，而是指导儿童在阅读时根据不同目的，使用不同的策略，帮助他们逐步成为主动的、积极的阅读者；此外，儿童从主动的阅读中带入自己的生活经验和情感体验，让阅读真实地发生。

阅读是一个复杂的认知活动，从认知理论和语言学理论来看，儿童阅读能力的发展呈现一定的序列性和系统性。美国阅读心理学家奈拉·B. 史密斯（Nila Banton Smith）提出阅读有四种认知水平：字面的理解，阐释，评价性阅读，创造性阅读。在 PISA 阅读测评框架中，阅读能力指标依次划分为：访问与检索，整合与阐释，反思与评价。PIRLS 的阅读测评也是以学生的思维层级为焦点，依照"直接提取""直接推论""阐释、整合观点和信息""检验、评价内容、语言和文本元素"四个维度逐层深入。《义务教育语文课程标准（2011年版）》也指出，"阅读教学应注重培养学生感受、理解、欣赏和评价的能力。这种综合能力的培养，各学段可以有所侧重，但不应把它们机械地割裂开来"。

亲近母语认为，阅读能力主要包括阅读速度，阅读的理解、判断、推论、分析、综合、评价、鉴赏、批判性思维，和运用阅读获取的信息去解决问题、构建意义的能力。

2. 兴趣、习惯和积累

阅读兴趣和习惯是儿童素养发展中的非认知因素，浓厚的阅读兴趣和良好的阅读习惯是儿童阅读素养发展的重要内驱力。

阅读兴趣是指儿童受到相关阅读目标的引导、激发并且维持自身阅读活动的一种心理过程，表现为儿童对阅读的某一类文体、主题和相关阅读任务的偏爱。在四年级之前，儿童通常喜爱阅读童话、寓言、神话等故事类文本和趣味性较强的科普类文本，愿意阅读简单的非连续文本。在四年级之后，情节生动、叙事精巧的小说越来越受到儿童的喜爱，他们也会慢慢根据需要有选择地阅读报刊上的新闻、说明性文章等信息类文本。整体而言，儿童的阅读兴趣一般由简单、浅显逐步向深入、复杂发展，由文学类、叙事性较强的文本逐步向信息类、议论性较强的文本发展。

阅读习惯是指经过长期的阅读活动，儿童逐步形成的一种稳定的阅读方式或思维方式。好的读者应该养成良好的阅读习惯，如制订阅读计划、边读边思考，等等。

阅读积累，是指儿童在阅读过程中，逐渐达到的阅读量和熟读成诵的经典语料。《义务教育语文课程标准（2011年版）》规定了各年段的阅读量和诵背的古诗文名篇数量。比如，一至二年级，要求儿童课外阅读总量不少于5万字，诵背优秀诗文50篇（段）；三至四年级，课外阅读总量不少于40万字，诵背优秀诗文50篇（段）；五至六年级，课外阅读总量不少于100万字，诵背优秀诗文60篇（段）。在儿童阅读素养发展标准中，阅读量不仅代表儿童阅读的数量，更强调儿童阅读结构的合理性。儿童阅读不只限于儿童的文学阅读，随着儿童兴趣的开拓和社会交往活动的增加，儿童的阅读视野也越发广泛。优秀的人文和科学作品能够帮助儿童打开认识世界的窗户，提供多样化的视角和丰富的阅读体验，进一步优化儿童阅读积累的结构。

而今，随着中国综合实力的增强，文化自信的建立，优秀的传统文化教育越来越受到重视。阅读、诵背经典的优秀诗文，提升儿童的阅读量，丰富儿童的阅读材料，对儿童母语学习、语言发展、文化认同、人格养成都有着重要意义和价值。

综上，尊重并培养儿童的阅读兴趣和习惯，提高每个儿童的阅读量，积累丰富的经典语料，帮助儿童从阅读中获得快乐，享受阅读，并且逐步形成自己的阅读品位，拥有更合理的阅读结构和更广阔的背景知识，是儿童阅读素养发展标准的重要内涵。

3. 情感、态度和价值观

儿童的阅读过程也是他们在和文本的互动中不断进行意义建构的过程。一方面，儿童通过阅读作品，获得情感和价值观的熏陶，丰富个体的生命体验；另一方面，儿童阅读时，他们自身的情感和精神体验，也会影响他们的阅读行为和表现。

从今天的社会和教育状况来看，突出和强调阅读的情感、态度和价值观非常有意义，且十分必要。一段时间以来，由于应试教育和社会氛围的影响，无论是家庭教育还是学校教育，都过分重视儿童的学业成绩、智力发展，而忽视对儿童的情感和价值观教育，对儿童的心理健康、社会融入、人格发育重视不够。儿童的阅读也比较突出娱乐性，忽略了阅读教育对于儿童的影响和引导。

《义务教育语文课程标准（2011年版）》提出，"阅读教学应引导学生钻研文本，在主动积极的情感活动中，加深理解和体验，有所感悟和思考，受到情感熏陶，获得思想启迪，享受审美乐趣"。国际阅读评价项目PIRLS也将阅读行为和态度作为阅读素养评估的一部分。从总体上来说，儿童在阅读过程中能够将情感、态度和价值观渗透进阅读内容和方法之中，同阅读的作品产生情感、精神上的联结，阅读后能够从作品中继续反思，从而丰富自己的精神世界，形成健全的人格。

结合儿童的阅读和成长经历，儿童情感发展的内容也不断丰富，大致包含了对自我、对他人、对物和对抽象主体这几个主要维度。低年级儿童阅读文学作品，会对表达以"我"为中心的感情内容有着较为强烈的感受，还会由"我"延伸至周围熟悉的人，如朝夕相伴的父母、一起玩耍的伙伴等。这些亲情和友情相关的阅读内容更能够激发低年级儿童内心的情感共鸣。到了中、高年级，儿童的知识、经验逐渐丰富，逐步接触抽象的人文和百科作品，逻辑思维能力和自我意识水平也不断提高，儿童的情感会逐步转到较为陌生的人，对物的情感连接也会逐渐显现出来，如对家养的小动物、随处可见的植物，以及一些有特定情感意义的物件等，有着特别的情感。此外，随着儿童生活经验的增加，不断接触社会，他们与社会需要相连接的高级情感也会逐步生发，这些往往反映在比较抽象的主体上，如儿童会更关注我们生活的世界，不同地域的国家、民族乃至全人类的命运。

儿童的价值观发展，大致围绕三个方向：一是以个人为主体的价值取向，包括个体的幸福和尊严，也包括家庭的亲情和同伴的友情等；二是以社会群体为主体的价值取向，包括合作互助、尊重规则、热爱本民族优秀的语言文化等；三是以国家、人类为主体的价值取向，包括热爱祖国、尊重多元文化、关心世界发展等。在儿童阅读素养发展的不同阶段，价值观的目标培养都围绕以上三个方向展开，但每一个阶段有着各自的侧重点，它们共同组成儿童阅读中的情感和价值观的目标体系。

综上，在儿童阅读素养发展标准中，情感、态度和价值观这个维度倡导儿童积极阅读，主动建构文本和自我、文本和他人以及文本和社会之间的意义关联，从而完善个性，陶冶情感，健全人格。

（三）亲近母语儿童阅读素养发展标准

根据以上维度，亲近母语在 20 年儿童阅读研究和实践的基础上，提出不同阶段儿童的阅读素养发展标准。

需要提前说明的六个问题：

第一，根据研究和实践，我们在本次表述时，重点表述了小学一年级到初中三年级儿童的阅读素养发展标准。对其他级段儿童的阅读素养发展标准，我们只做简要的、笼统的表述，有待在今后的研究和实践中不断细化。

第二，儿童阅读素养发展，有普遍的和个体的两个不同层面。以下重点表述普遍的儿童阅读素养的发展水平。

第三，《义务教育语文课程实验标准（2011 年版）》作为我国中小学阶段语文教育理论和实践总结的纲领性文件，多年来在培养语文学科核心素养和强化儿童母语阅读教育上发挥了巨大的作用。亲近母语在《义务教育语文课程实验标准（2011 年版）》的基础上，结合 20 年来对儿童母语教育的深入研究和广泛实践，提出了儿童阅读素养发展标准，意在为那些有更高儿童阅读需求的学校和家庭，提供具体性的参考和更具针对性的建议。

第四，我们此次发布的"标准"表述的是普遍的儿童阅读素养发展标准，因此采用国家通用，也是家庭和教师都能接受的"年级"的方式来做表述。但个体儿童的阅读素养发展是不完全相同的，应该通过具体的儿童阅读素养测评来实现分级，而不能完全根据年级来判断。有意愿有能力的机构，可以采用不同的工具，来测评个体儿童的阅读素养发展水平，并给以合适级别的文本，以及更具针对性的阅读指导。例如亲近母语体系下的小步读书4.0版，就根据以上维度，设定了不同的指标，将小学阶段儿童的阅读素养进一步分为24级。

第五，在小学阶段的阅读"知识、技能和能力"层面，亲近母语儿童阅读素养发展标准对各年级分别做了较为详细的表述，为阅读指导和教育提供更具体、更有针对性的参考。在"兴趣、习惯和积累"维度，"标准"考虑到儿童各阶段发展目标的整体性，以及各级段在这方面的差异不明显的因素，仅分低、中、高三个年段做差异化表述，在每个年段内部保持一致性，未做更细致表述。

第六，再次强调，亲近母语儿童素养发展标准，旨在描述儿童通过阅读促进、阅读教育，应该达到的素养水平，而非本来儿童身心发展自然达到的阅读素养水平。

亲近母语儿童阅读素养发展标准

0~3岁

知识、技能和能力

此阶段为儿童语言发展的第一个关键期、敏感期,儿童一般在1岁左右开始使用单音节的词汇表达意思;2岁左右,会有语言的爆发期

通过亲子共读,2岁左右,儿童应掌握300~500个词汇;3岁掌握1000个词汇,掌握基本的生活口语

兴趣、习惯和积累

1. 在阅读中积累词汇,能结合图片认读,对画面中的个别对象进行指认

2. 初步了解"书"的概念,学会有序翻书

3. 对阅读有兴趣,喜欢亲子共读,能主动挑选喜爱的图书和大人共读

4. 亲子共读图画书50册左右,以游戏化形式亲子诵读童谣50首左右

情感、态度和价值观

个人：

在亲子共读中，学习口语表达，养成良好的生活习惯，收获快乐

家人与同伴：

乐意与同伴交往，开始学习互助和分享，有同情心；能初步展示对父母和其他亲近的人的喜爱

3~6岁

知识、技能和能力

语言发展：

4岁掌握1 600~2 000个词汇，5岁增至2 200~3 000个词汇，6岁达到3 000~4 000个词汇

具备较好的生活口语能力，和一定的文学口语能力

阅读能力：

1. 在阅读中继续积累词汇量，学会一些简单的短语和句子

2. 观察力和理解力提高，有序性增强，逐渐能够将故事的前后画面联系起来理解内容

3. 能够自主阅读熟悉的图画书，能根据图画讲解简单

的情节

4. 从关注画面逐步过渡到关注文字

5. 喜欢听有声故事,听读能力增强,并能用简单的语言、手势、表情来表达自己的情感

6. 可以通过预测、提问、复述等策略加深对阅读内容的理解

兴趣、习惯和积累

1. 以亲子阅读为主,开始进行少量的自主阅读

2. 对阅读有兴趣,喜爱阅读、听故事等,并有一定的阅读习惯

3. 亲子共读图画书 200 册左右,亲子诵读童谣 200 首左右

4. 能独立诵读 20 首左右喜爱的童谣和浅近的古诗

情感、态度和价值观

个人:

在亲子共读中,发展口语表达和思维,能初步感受到阅读的乐趣

家人与同伴:

乐意与同伴交往,学习互助和分享,有同情心;能表

达对父母和其他亲近的人的喜爱

社会与国家：

初步理解并遵守日常生活中基本的社会行为规则；接触到家乡和国家的概念

文化认同：

初步了解常见的中国传统节日和风俗习惯

一年级

知识、技能和能力

识字量：

到一年级末，认识常用汉字 900 个左右

方法和策略：

1. 掌握朗读、默读、猜读等阅读方法
2. 学习预测、联结、图像化等阅读策略

阅读能力：

逐渐从图画书阅读过渡到文字阅读，从亲子共读过渡到独立阅读

可以借助于拼音，自主阅读桥梁书

文学类

1. 能够初步通过借助图画、联系上下文、结合生活实

际、展开想象等方法确定词语的意思

2. 能够找出故事发生的情境，例如时间、地点等

3. 能够识别并描述一个故事的开头、中间和结尾，以及它的情节和人物

4. 能够初步描述文本中两个人物、事件间的关系

5. 能够借助图画或简单的提示，按照正确的顺序复述故事主要情节

6. 能够初步感受逗号、句号、问号、感叹号所表达的不同语气，了解它们的用法及作用

7. 能够简单表达对某个故事的看法和感受

信息类

1. 能够找到文中明显的描述主题或观点的信息

2. 能够根据文本已知内容，简单预测或推断某一事件的原因、结果

3. 能够利用已获得的知识，简单阐释对文本信息的理解

兴趣、习惯和积累

阅读兴趣和习惯：

1. 能够感受阅读的乐趣

2. 可以专注地阅读半个小时以上

阅读积累：

1. 通过各种方式阅读不少于 5 万字的优质文本
2. 熟读诗歌、经典语料 160 篇（段）

情感、态度和价值观

个人：

通过阅读，对自我有一定的认知，有强烈的好奇心，对小动物和有生命的事物有同情心，能从作品中获得初步的情感体验

家人与同伴：

与家人有更丰富的情感交流，愿意与同伴交往

社会与国家：

初步适应学校生活，对学校、社区等身边的环境有初步认识，了解国旗、国徽、国歌，了解祖国的广大

文化认同：

初步感受中华传统文化

二年级

知识、技能和能力

识字量：

到二年级末，认识常用汉字1 800个左右

方法和策略：

1. 掌握朗读、默读、猜读等阅读方法

2. 学习预测、联结、图像化等阅读策略

阅读能力：

逐步脱离拼音，可以自主阅读，对书面语言的感受和理解不断增强

文学类

1. 能够借助标题、目录、章节的开头、插图等寻找特定的信息

2. 能够借助图画、联系上下文、结合生活实际、展开想象等方法确定词语、句子的意思

3. 能够找出故事的情境，并且能够回答含有"谁""什么""什么时候""在哪里""怎样"的问题

4. 能够识别文中事件之间的顺序及因果关系

5. 基本掌握逗号、句号、问号、感叹号的用法及作用

6. 能初步感受文章表达的情感、语言特点

信息类

1. 能够找到文中比较明显的描述主题或观点的信息

2. 能够根据文本已知内容，简单预测或推断某一事件的原因、结果

3. 能够利用已获得的知识，阐释对文本信息的理解或是将文本信息与真实生活联系起来

兴趣、习惯和积累

阅读兴趣和习惯：

1. 喜欢阅读，能感受阅读的乐趣

2. 除了故事性的阅读，也对知识读物有一定兴趣

3. 乐于向别人推荐和分享自己阅读的内容

4. 认识并学会使用字典、百科全书等工具书以辅助阅读

阅读积累：

1. 通过各种方式阅读不少于 20 万字的优质文本

2. 熟读诗歌和经典语料 160 篇（段）

情感、态度和价值观

个人：

通过阅读，对自我有一定的认知，有强烈的好奇心，对小动物和有生命的事物有同情心，能从作品中获得初步

的情感体验

家人与同伴：

与家人有更丰富的情感交流，愿意与同伴交往

社会与国家：

初步适应学校生活，对学校、社区等身边的环境有初步认识，了解国旗、国徽、国歌，了解祖国的广大

文化认同：

初步感受中华传统文化

三年级

知识、技能和能力

识字量：

到三年级末，认识常用汉字 2 400 个左右

方法和策略：

1. 掌握默读、浏览、略读等阅读方法

2. 学习推测、批注、想象等阅读策略

3. 在成人的帮助和指导下，利用多媒体资源阅读

阅读能力：

初步具备自主阅读能力，有一定的阅读速度，阅读面更加广泛

文学类

1. 能够使用多种策略来确定生词的含义(比如借助注释、借助插图、联系生活积累、展开想象等)

2. 能够回忆文章要点或根据故事情节进行简单推测

3. 能够梳理情节较为简单的故事发展和顺序(比如叙事、时间、空间顺序)

4. 能够理解并描述故事中的人物特点、动机、感情等

5. 能够体会作品中隐含的主题或作者要表达的意思

6. 能够确定文章的中心思想、道理及寓意,并解释这些寓意在文本中怎样通过主要细节来表达

7. 能够表达自己对人物、事件和主题的看法并说明理由

8. 能够结合语境体会词语、句子的准确运用、感情色彩及其表达效果

信息类

1. 能够寻找和确定重要的信息及观点

2. 能够描述文中特定句子和段落间的逻辑关系

3. 能够复述作品的主要观点并解释相应的理由

4. 能够利用已获得的知识,阐释对文本信息的理解或是将文本信息与真实生活联系起来

兴趣、习惯和积累

阅读兴趣和习惯：

1. 能主动寻找阅读材料，初步养成主动阅读的习惯

2. 能够主动记下个人感想及心得，对作品内容进行摘要整理

3. 乐于与同伴交流阅读后的感想

阅读积累：

1. 通过各种方式阅读不少于45万字的优质文本

2. 熟读诗歌和经典语料160篇（段）

情感、态度和价值观

个人：

开始有独立意识，有一定的独立思考能力，崇拜有力量的英雄人物，能够体会阅读带来的成就感；对自然万物有更强的好奇心和求索探知的愿望

家人与同伴：

与家人有更好的互动交流，同伴的影响力逐渐加强

社会与国家：

初步了解身边的社会，能遵守基本规则；勇于承担，有合作意识；对自己的国家和民族有认同感，树立民族自豪感

文化认同：

认识中华传统文化和本民族悠久的历史

四年级

知识、技能和能力

识字量：

到四年级末，认识常用汉字 2 800 个左右

方法和策略：

1. 掌握默读、浏览、略读、回读等方法，有一定的默读速度

2. 尝试比较阅读

3. 利用各类工具书及网络，搜集信息、组织材料

阅读能力：

在"学习阅读"的同时，尝试"通过阅读来学习"

文学类

1. 能够联系上下文语境推测词汇和短语的意思

2. 能够识别和描述故事的一些基本要素（如情节、人物、背景等）

3. 能够从文章中细节的陈述和隐含内容进行预测和推断

4. 能够根据文本中的信息，解释文本中的事件、顺

序、思想或概念

5. 能够尝试梳理人物心理或情感变化

6. 能够从人物的外貌、神态、语言、行为等描写中感受人物的品质，体会人物的感情

7. 能够运用文中的具体细节描述故事中的人物、背景和事件（比如人物的思想、语言和行为）

8. 能够体会比喻、排比、反问等修辞手法表达的情感和妙处

9. 体会文章表达的思想感情

信息类

1. 能够识别和提取文章中重要的信息

2. 能够描述文中特定句子和段落间的逻辑关系

3. 能够利用已获得的知识，阐释对文本信息的理解，或是将文本信息与真实生活联系起来

4. 能够使用文本中的具体例子来解释主要事件、主题或文本的观点

兴趣、习惯和积累

阅读兴趣和习惯：

1. 有自己的阅读喜好，能够自己选择图书

2. 已经养成每天阅读的习惯

3. 愿意与别人分享阅读内容，有读后交流的习惯

4. 尝试通过阅读来学习

阅读积累：

1. 通过各种方式阅读不少于 90 万字的优质文本

2. 熟读诗歌和经典语料 160 篇（段）

情感、态度和价值观

个人：

开始有独立意识，有一定的独立思考能力，崇拜有力量的英雄人物

能够体会阅读带来的成就感，对自然万物有更强的好奇心和求索探知的愿望

家人与同伴：

与家人有更好的互动交流，同伴的影响力逐渐加强

社会与国家：

初步了解身边的社会，能遵守基本规则；勇于承担，有合作意识；对自己的国家和民族有认同感，树立民族自豪感

文化认同：

认识中华传统文化和本民族悠久的历史

五年级

知识、技能和能力

识字量：

到五年级末，认识常用汉字 3 200 个左右

方法和策略：

1. 有一定的默读速度，默读一般读物每分钟不少于 350 字

2. 熟练掌握默读、浏览、略读、回读等方法

3. 学习比较阅读

阅读能力：

在文学阅读中有一定的理性思维和逻辑能力，有一定阅读深度

文学类

1. 能够识别和描述故事的基本要素（如情节、人物、背景等）

2. 能够从细节的陈述和隐含内容里预测故事的后续发展

3. 综合运用学过的多种方法理解词句，理解词语和句子在不同语境下的含义

4. 能够了解叙事性文章的梗概，厘清故事的起因、发展、高潮和结局，感知情节的转折

5. 能够通过神态、动作、语言描写，体会人物内心，了解人物的思维过程，及人物对事件的反应

6. 阅读诗歌，想象情境，大体把握诗意；想象诗句描绘的景象，识别景物的动态与静态

7. 能够描述、解释和理解文中的比喻、比较、夸张、设问、想象、象征，体会其功能和表达效果

8. 能够评价人物形象和作者观点

9. 体会文章表达的思想感情，可以和作者产生情感共鸣

10. 能够初步欣赏作品的结构和语言特点

信息类

1. 能够识别和分析、概括文章中重要的信息

2. 能够利用已获得的知识，阐释对文本信息的理解或将文本信息与真实生活联系起来

3. 能够使用文中信息和例子来解释主题或文本的观点

4. 能够引用文本中的内容和自己的知识经验作为依据，表述自己对作品的理解

兴趣、习惯和积累

阅读兴趣和习惯：

1. 有自己的阅读喜好或偏爱，有浓厚的阅读兴趣

2. 乐于与同伴分享阅读内容，有读后交流的习惯

3.能使用多种方法辅助阅读

4.能够通过阅读去学习

阅读积累：

1.通过各种方式阅读不少于140万字的优质文本

2.熟读诗歌和经典语料160篇（段）

情感、态度和价值观

个人：

有丰富的情感需求，渴望独立，有一定的自我觉察力

能体会阅读的愉悦感受，在阅读中培养审美的情趣，养成良好的思维品质

能从作品中获得丰富的情感体验和共鸣，受到优秀作品的感染和鼓励

积极探究，开始有自我反思意识

家人与同伴：

更有家庭意识，关心家人、友爱同伴

与他人和谐相处，能顾及他人的感受和需要

善于沟通，乐于交流，有合作精神

社会与国家：

遵守纪律，注重规范，有公德心，了解自己身为国民的责任

对自己的国家和民族有高度认同感，关心祖国建设与发展

文化认同：

了解中华传统文化和本民族悠久的历史，汲取中华文化智慧

尊重多元文化，欣赏其他优秀文化

六年级

知识、技能和能力

识字量：

到六年级末，认识常用汉字 3 500 个左右

方法和策略：

1. 能灵活运用各类工具书及网络，扩大阅读范围，进行广泛阅读

2. 熟练掌握默读、浏览、回读、跳读等阅读方法，能根据不同体裁，学习选择和运用适切的阅读策略

3. 初步具有自我阅读规划和调节的能力

阅读能力：

在文学阅读中有一定的理性思维和逻辑能力，有一定阅读深度

文学类

1. 能够识别和描述故事的基本要素,并解释这些要素是怎样相互关联的

2. 在阅读故事或小说时,能够利用各种线索对故事发展进行预测

3. 综合运用学过的多种方法理解词句,理解词语和句子在不同语境下的含义

4. 能够围绕中心或线索,了解叙述顺序,厘清结构层次,厘清故事的起因、发展、高潮和结局,感知情节的转折

5. 通过神态、言行描写,体会人物的情感与品质,把握人物的特点、性格,分析人物行为的动机

6. 阅读诗歌,大体把握诗意,想象诗歌描述的情境,分析古诗中蕴含的情感

7. 能够评价人物形象和作者观点

8. 能欣赏文章在语言、结构等方面的特点,理解文章表达情感的方法,体会作者表达的思想感情

9. 初步具有批判性思维,对作品表达的主题、价值观,塑造的人物形象,有自己的思考和表达

信息类

1. 能够利用已获得的知识,阐释对文本信息的理解,或是将文本信息与真实生活联系起来

2.能够使用文中信息和例子来解释主题或文本的观点

3.能够引用文本中的内容和自己的知识经验作为依据，表述自己对作品的理解

4.能够利用索引、地图、插图等定位信息

5.识别并区分材料中的观点，如事实、数据、图表等，获取主要信息

兴趣、习惯和积累

阅读兴趣和习惯：

1.逐步建立个人的阅读趣味和评价标准

2.养成自主阅读、独立阅读、比较阅读的习惯，让阅读成为生活的重要部分

3.从阅读中学习解决现实问题的方法

阅读积累：

1.通过各种方式阅读不少于200万字的优质文本

2.熟读诗歌和经典语料160篇（段）

情感、态度和价值观

个人：

有丰富的情感需求，渴望独立，能体会阅读的愉悦感受，在阅读中培养审美的情趣，养成良好的思维品质

能从作品中获得丰富的情感体验和共鸣，受到优秀作品的感染和鼓励

积极探究，开始有自我反思意识

家人与同伴：

能关怀家人、友爱同伴

与他人和谐相处，能顾及他人的感受和需要

善于沟通，乐于交流，有合作精神

社会与国家：

遵守纪律，注重规范，有公德心；了解自己身为国民的责任；对自己的国家和民族有高度认同感，关心祖国建设与发展

文化认同：

了解中华传统文化和本民族悠久的历史，汲取中华文化智慧

尊重多元文化，欣赏其他优秀文化

七年级

知识、技能和能力

识字量：

到七年级末，认识常用汉字3 600个左右

方法和策略：

1.学会制订自己的阅读计划，广泛阅读各种类型的读物

2.使用适切的工具书辅助阅读

阅读能力：

文学类

1.能识别小说、散文、诗歌等不同体裁的作品并描述它们的关键特征

2.识别文学作品中的某些写作手法，比如伏笔、铺垫等，并理解其表达效果

3.识别和描述人物特点在情节中的作用

4.通过对人物神态、动作、语言的描述，体会人物内心

5.梳理重要情节，把握内容要点和文章脉络

6.对比阅读，比较、归纳文本在语言、结构等方面的特点

7.结合文学作品，解释文本中常见的写作手法的表达效果

8.从形象、语言等角度欣赏文学类文本，对文本的内容和表达有自己的心得，能提出自己独立的看法

信息类

1.能够利用索引、地图、插图等定位信息

2.识别并区分材料中的观点，如事实、数据、图表

等，获取主要信息

3. 找出观点与材料之间的关系，并做出合理的推论与判断

4. 依据特定方向，比较多篇信息类文本中的不同观点

5. 概括和解释信息材料中的主要观点和支撑观点的细节

6. 领会文本中体现的科学思维方法和科学精神

7. 评判作者的观点，表达自己的观点并说明理由

兴趣、习惯和积累

阅读兴趣和习惯：

1. 发展专题性、研究性、综合性阅读

2. 阅读后乐于发表观点，友好交流

3. 建立个人阅读趣味和评价标准

阅读积累：

1. 通过各种方式阅读不少于 200 万字的优质文本

2. 每年熟读和积累诗歌和经典语料 100 篇（段）

情感、态度和价值观

个人：

在发展语言能力的同时，发展思维能力，激发想象力和创造潜能

逐步形成积极的人生态度和正确的价值观，提高文化品位和审美情趣，鉴赏文学作品，受到高尚情操与趣味的熏陶，发展个性，丰富自己的精神世界

阅读科学作品，逐步养成实事求是、崇尚真知的科学态度，初步掌握科学的思想方法

家人与同伴：

有较强的家庭意识，关怀并扶持家人

学会倾听，乐于表达，善于交流

发展合作和互助精神

社会与国家：

了解身为国民的责任，履行义务，有使命感，了解并遵守基本社会规范和一般社会规则，逐渐认同社会生活的价值

关注影响全球的时事动态，对本国在全球范围内的政治、经济和文化等方面的发展有一定的认识

文化认同：

认识中华文化的丰厚博大，吸收民族文化智慧

热爱母语，热爱本民族和本国优秀文化

关心当代文化生活，尊重多样文化，汲取人类优秀文化的营养

八年级

知识、技能和能力

识字量：

到八年级末，认识常用汉字 3 800 个左右

方法和策略：

1. 学会制订自己的阅读计划，广泛阅读各种类型的读物

2. 能对所要查询的问题有初步的概念，使用适切的工具书辅助阅读

3. 能运用阅读其他相关作品的经验辅助阅读

阅读能力：

文学类

1. 识别小说、散文、诗歌等不同体裁的作品并描述它们的关键特征

2. 识别文学作品中的某些写作手法，比如伏笔、铺垫等，并理解其表达效果

3. 识别和描述人物特点在情节中的作用

4. 通过对人物神态、动作、语言的描述，体会人物内心

5. 能够深入分析作品内容，分析并把握作者的写作思路

6. 对比阅读，分析并概括文本在语言、结构等方面的特点

7. 理解更加抽象的文学形式，比如讽刺文学等

8. 对文章内容有自己的看法，能够准确表达自己的心得体会

9. 初步鉴赏文学类文本，把握文本语言、形象和文学技巧，提出自己的看法

10. 能够阅读和欣赏社会背景更深广的文学作品，理解人物性格和发展，以及人物与社会环境之间的互动关系

信息类

1. 能够利用索引、地图、插图等定位信息

2. 找出作者所要解决的主要问题

3. 识别并区分材料中的观点，如事实、数据、图表等，获取主要信息

4. 找出观点与材料之间的逻辑关系，并做出合理的推论与判断

5. 从多个角度比较多篇信息类文本中的不同观点

6. 梳理文章材料的层次，概括材料中的主要内容

7. 领会文本中体现的科学思维方法和科学精神

8. 评判作者的观点，表达自己的观点并说明理由

兴趣、习惯和积累

阅读兴趣和习惯：

1. 发展专题性、研究性、综合性阅读

2. 阅读后乐于发表观点，友好交流

3. 建立个人阅读趣味和评价标准

4. 学会制订自己的阅读计划，阅读兴趣覆盖更广的读物范围

阅读积累：

1. 通过各种方式阅读不少于160万字的优质文本

2. 每年熟读和积累诗歌和经典语料100篇（段）

情感、态度和价值观

个人：

心态积极乐观，能有意识地调控自己的消极情绪，学会跟他人倾诉和沟通

在发展语言能力的同时，发展思维能力，激发想象力和创造潜能，逐步形成积极的人生态度和正确的价值观，提高文化品位和审美情趣

鉴赏文学作品，受到高尚情操与趣味的熏陶，发展个性，丰富自己的精神世界

阅读科学作品，逐步养成实事求是、崇尚真知的科学

态度，初步掌握科学的思想方法

家人与同伴：

有强烈的家庭意识，关怀家人，并能和家人保持亲密关系和良好互动

珍视伙伴，尊重他人人格，发展稳定健康、合作和互助的同伴关系

学会倾听，乐于表达，善于交流

社会与国家：

了解身为国民的责任，履行义务，有使命感

了解并遵守社会基本规范和国家的法律法规，认同社会生活的价值，并积极参与社会活动

关注影响全球的时事动态，对本国在全球范围内的政治、经济和文化等方面的发展有一定的认识和见解

文化认同：

认识中华文化的丰厚博大，了解本民族文化的历史渊源，吸收民族文化智慧

热爱母语，热爱本民族和本国优秀文化，具备基本的中国文化常识

关心当代文化生活，尊重多样文化，吸取人类优秀文化的营养

九年级

知识、技能和能力

识字量：

累计认识常用汉字 4 000 个左右

方法和策略：

1. 制订自己的阅读计划，广泛阅读各种类型的读物，并进行有一定深度的阅读

2. 运用多种阅读方法达成自己的阅读和学习目的

3. 综合运用多种方法辅助阅读

阅读能力：

文学类

1. 识别小说、散文、诗歌、戏剧等不同体裁的作品并描述它们的关键特征

2. 识别文学作品中一些有难度的写作手法，比如双线并进、蒙太奇、开放性结尾等，并理解其表达效果

3. 识别和描述人物性格演进和环境变化的互动关系

4. 通过对人物神态、动作、语言以及外部环境、氛围的描述，体会人物内心

5. 能够深入分析作品内容，分析并把握作者的写作思路

6. 对比阅读，分析并概括文本在语言、结构等方面的

特点

7.理解古典文学在叙述结构、语言表达、文化特征等方面的特点

8.对文章内容有自己的看法，能够准确表达自己的心得体会

9.对于同一作品，能够从不同角度提出自己的看法

10.能深刻理解作品内在的逻辑

信息类

1.能够利用索引、地图、插图等定位信息

2.找出作者所要解决的主要问题

3.识别并区分材料中的观点，如事实、数据、图表等，获取主要信息

4.找出观点与材料之间的关系，并做出合理的推论与判断

5.从多个角度，比较多篇信息类文本中的不同观点

6.梳理文章材料的层次，概括材料的主要内容

7.解释信息材料中的主要观点和支撑观点的细节

8.领会文本中体现的科学思维方法和科学精神

9.分析作者观点表达的现实意义，评判作者的观点，表达自己的观点和理由

10.运用合作的方式，与他人共同探讨、分析、研究

感兴趣的话题

兴趣、习惯和积累

阅读兴趣和习惯：

1. 发展个性化阅读

2. 建立个人阅读趣味和评价标准

3. 制订自己的阅读计划，阅读兴趣覆盖更广的读物范围

4. 阅读有一定深度的作品

阅读积累：

1. 通过各种方式阅读不少于140万字的优质文本

2. 每年熟读和积累诗歌和经典语料100篇（段）

3. 义务教育阶段完成时，总阅读量不少于1 000万字

情感、态度和价值观

个人：

能树立自己的理想和志向，逐步形成积极的人生态度和正确的价值观，提高文化品位和审美情趣

不仅重视个人价值，也有民族意识、国家意识，关心人类价值，有对人类命运共同体的基本认知

在发展语言能力的同时，发展逻辑思维和直觉思维能力，激发想象力和创造潜能

鉴赏文学作品，受到高尚情操与趣味的熏陶，发展个性，丰富自己的精神世界

阅读科学作品，逐步养成实事求是、崇尚真知的科学态度，初步掌握科学的思想方法，从内心确立起个人和社会、人类和自然可持续发展的理念

家人与同伴：

有家庭意识，积极履行家庭责任，关怀并扶持家人

学会倾听，乐于表达，善于交流

交友积极健康，能保持稳定的同伴友谊，尊重他人人格，能主动与人协作，乐于分享和表达

社会与国家：

了解身为国民的责任，履行义务，有使命感；了解并遵守社会基本规范和国家法律法规，认同社会生活的价值，有公益意识，能主动帮助弱势群体，积极参与社会活动

有一定深度的爱国主义情感和比较深刻的爱国主义体验，自觉维护国家尊严；关注影响全球的时事动态，对本国在全球范围内的政治、经济和文化等方面的发展有一定的认识和见解

文化认同：

认识中华文化的丰厚博大，尊重并理解本民族的历史渊源和文化特质，并自觉吸收民族文化智慧

热爱母语，热爱本民族和本国优秀文化；了解中国文化常识，继承和发扬优秀的文化传统

关心当代文化生活，尊重多样文化，汲取人类优秀文化的营养，对各国文化传统有一定的了解

高中阶段

知识、技能和能力

识字量：

累计认识汉字 4 000~5 000 个

方法和策略：

1. 学会根据不同目的自主地选择阅读材料，运用多媒介获取信息

2. 独立阅读，灵活运用精读、略读、浏览等方法

3. 能借助注释和工具书，阅读中国古代作品

阅读能力：

1. 对各种文学体裁，具备较强的文学感受力、文学理解力和文学鉴赏力，同时具备一定的批判性思维能力

2. 在阅读多种材料后形成自己独特的见解，具备较强的探究性阅读、研究性阅读、专题性阅读能力

3. 能通过阅读提升思维品质，增强感受力、审美力、表达力和解决问题的能力

4. 阅读能力和速度、效率可以应对即将开始的生活、学习生涯和富有挑战的阅读需求

兴趣、习惯和积累

阅读兴趣和习惯：

1. 有广泛的阅读兴趣和开阔的阅读视野

2. 注重个性化阅读，学习探究性阅读和创造性阅读

3. 养成相互切磋的习惯，乐于与他人交流自己的阅读鉴赏心得，展示自己的学习成果

阅读积累：

1. 诵背古诗文经典语料不少于 72 篇（段）

2. 阅读各类文本的总量不少于 400 万字

情感、态度和价值观

1. 阅读优秀母语作品，品味语言，感受和体会母语的魅力，热爱母语文字之美

2. 阅读经典文学作品，感受形象和情感之美，发展想象力和审美力，陶冶性情

3. 在阅读中，亲近和体察自然，发展自然和人类和谐

共存的理念

4.在阅读中，发展科学的思维品质，领悟科学精神和思想方法，养成严谨求真、实事求是的科学素养

5.通过阅读和鉴赏，形成正确的价值观，深化热爱祖国的感情，体会中华文化的博大精深、源远流长，尊重和理解多元文化

（四）儿童阅读素养发展标准的应用

制定合理的儿童阅读素养标准，并有效地开展实践和运用，必然涉及个体儿童阅读素养测评。

建立中文分级阅读体系，必然要解决两方面的问题。一是如何确定儿童个体的实际阅读素养水平，也就是对"这一个"儿童的阅读素养，如何为其进行科学的测评。二是通过测评，了解该儿童的阅读素养后，如何匹配合适的分级阅读读物，并进行针对性的阅读指导，帮助其提高阅读素养。

儿童阅读素养发展标准，作为亲近母语中文分级阅读标准的核心，不仅关注儿童普遍性的阅读素养标准的研究和拟定，也试图应用儿童阅读素养发展标准，为个体儿童阅读素养的评定和指导提供基本的思维模型和可以参照的

测评维度。

儿童阅读素养发展标准从知识、技能和能力，兴趣、习惯和积累，情感、态度和价值观三个维度，确立了各个阶段的儿童阅读素养发展的总体方向和具体目标，为儿童阅读素养的评估奠定了基础。

PISA阅读评估将阅读分为四种情境，分别是为了个人目的的阅读，为了公共目的的阅读，为了工作目的的阅读和为了教育目的的阅读。依据阅读不同的认知层次将阅读能力分为访问与检索、整合与阐释、反思与评价三个层次，其阅读试题的编制也以此为基础。PISA根据学生的答题情况，制定阅读水平的评分标准，为区分不同能力层次的学生提供了依据。此外，PISA还通过"积极参与阅读"问卷，收集学生阅读兴趣、感知自主性、社交互动以及阅读实践方面的信息等资料。

PIRLS将阅读的目的分为"为了享受文学经验"和"为了获取并运用信息"两种，也就是通常所说的文学性阅读和信息性阅读。这两种阅读类型基本上覆盖了小学生的主要阅读类型。PIRLS测评框架中把阅读能力分为低层次和高层次两类，并且依此原理编制试题。低层次阅读能力包括"直接提取"和"直接推论"，高层次阅读能力包括"阐释整合"和"检验评价"。

蓝思（Lexile）分级阅读分别针对二至五年级和六到十二年级的学生开发了两套阅读测评系统，包括对词汇、阅读理解、熟练程度等方面的考核。这套阅读测评的框架依据"文本—读者—阅读"三者的互动，用心理测量的方法推导而来，并且与美国《共同核心州立标准》的原则保持一致，用数字加字母"L"作为同时衡量读物难度和读者阅读能力的标尺，难度范围在 0~1700L 之间，数值越大，表示儿童的阅读能力水平越高，或者读物的难度越高。

亲近母语认为，儿童阅读素养的评估是运用一定的尺度或标准，通过系统地收集儿童各个阶段阅读发展状况的信息，用标准化的试题对儿童的阅读知识和能力进行测评，并配合问卷、访谈等方式调查儿童的阅读兴趣、习惯和阅读积累，综合评估和判断儿童阅读素养的过程。

在对儿童阅读素养进行评估时，应当注意以下几点：

首先是评估内容的综合性。儿童阅读素养的评估不仅是对儿童阅读量和阅读能力的评估，还包括对儿童阅读兴趣和阅读习惯的评估，需要兼顾认知和非认知因素。评估除了检验当前儿童阅读素养的发展状况以外，还为儿童的阅读教育提供了较为全面的依据，对下一阶段儿童阅读素养的改善或提升有一定的导向作用。

其次是评估层级的结构化。儿童阅读素养的发展依循着儿童身心发展的规律，并通过阅读教育得以实现。儿童阅读素养的评估是基于儿童阅读素养发展标准的，每一个阶段儿童阅读素养的不同维度，都有着对应的目标和具体表现的描述，将这些衡量的指标应用于阅读指导中，更加具有可操作性。

最后是评估方式的多样化。儿童阅读素养的评估不仅是帮助他们掌握相应的阅读知识，提升阅读能力，还应当培养儿童在阅读中对母语文化的认同。阅读力就是学习力，儿童的阅读素养将奠定儿童终身学习的基础，反映儿童面对未来社会挑战的核心素养。从评估方式上看，除了通过编制标准化的阅读测试题，运用纸笔测试的方法测量儿童的阅读知识、技能和能力表现以外，还应通过编制结构化的问卷和访谈提纲、建立儿童阅读档案等方式，对儿童的阅读习惯、兴趣和阅读积累，以及阅读情感、态度和价值观进行观察和评估。

文本分级标准

（一）界定和说明

遵循儿童性、母语性、教育性三大原则，亲近母语的"文本分级标准"主要从字词、句子、文本特征等方面，综合考量适合各阶段儿童阅读的文本特征，从而找到读物的分级原则，建构文本难易度分级的标准。

国内外已出现了不少通过确定量化指标，对文本进行分级的方式。然而由于汉语的特性和技术的限制，使得古诗、文言文等文本，很难通过技术手段来做量化分级。当前对中文文本难易程度的判断，虽然有了一些通过算法、大数据和人工智能等手段的分级尝试，但这些探索还是很初步的，没有形成一个公认的体系。当然这也是正常的，即便是英文分级阅读中发展较为成熟的 A~Z 英文分级阅读体系，也十分强调专家的经验与共识对文本分级的重要性。

亲近母语中文分级阅读标准，将主要探索大规模文本自动分级和小部分文本由专家人工校准的科学的文本分级方法。

（二）适用文本

亲近母语中文分级阅读标准的适用文本，从儿童阅读的需要出发，尽可能涵盖所有文本。从语言的时代性划分，包括文言文、古白话和白话文文本。从是否押韵的角度分为韵文和非韵文文本。从篇幅上分为单篇文本和整本书文本。从类型上分为文学类文本和信息类文本。以是否为儿童创作这个维度来划分，有绘本、儿童文学、给儿童的人文、科学方面的童书，适合儿童阅读的中外文学、人文、科学的图书等。在目前的研究阶段，至少在三年之内，亲近母语中文文本分级的计算机自动分级，重点针对白话文文本、非诗歌文本，覆盖单篇和整本书，文学性文本和信息类文本，兼顾文学文本和人文、科学文本。但针对中文的特点和儿童阅读素养提升的需求，在儿童阅读素养发展标准和指导性体系框架内的诗歌、古白话、文言文文本的分级，主要采用专家人工分级的方法。

其次，标准适用的文本题材和体裁也是多样的，但只有适合儿童各阶段身心发展特点的文本才能列入分级的范围。"文本分级标准"中将文学类文本和信息类文本进行了区分，主要是考虑二者在体裁、写作目的、表达方式等方面的巨大差异。文学类文本，比如童话、小说、散文等，多需要读者运用形象思维，揣摩、感受文章的表现手法、人物心理活动等。信息类文本主要是传递信息、阐释概念，多采用举例子、打比方、列数字等说明方法表现，相对具有客观、理性的特点。因此，我们在"文学类别与形式"和"文本特征"这两个子维度中，对文学类文本和信息类文本进行了部分区别处理。

此外，中文分级阅读的文本分级对象并不仅仅限于国内原创作品，还包含国外的翻译作品。这是由未来对人才的需求、儿童的发展和阅读教育的目标决定的。未来社会，是一个更加开放的社会，我们的教育也好，阅读也好，必然要培养具有全球视野、多元文化理解力的人才。但同时，我们必须看到，在儿童阅读推广的初期，因为国内原创不足，世界范围内童书更丰富，经典作品众多，因此这20年来国内大量引进绘本和国外的儿童文学以及人文、科学类的童书。这样做虽然有很多益处，但是也会使我国的儿童在生命成长的早期、关键性的发展阶段，对我们的母语和中国文化的学习、吸收不够。这是我国的儿童阅读推广必然会经历的过程，但也是必须引起高度重视的问题。

尽管现在有不少技术先进的翻译软件能够在短时间内将外语译成中文，操作简单，效率很高，但文学作品的翻译，仅靠翻译软件是远远不够的。翻译一部文学作品，译者往往要逐字逐句反复琢磨，尽可能在忠于原文的基础上，凸显原作的语言风格。目前，市场上经典的文学作品通常有多个译本，译文风格也大不相同。给不同年龄段孩子选择译本时，需要进行综合的比对，选择更优质的译本。

中文分级阅读需要解决文本如何分级的问题，但有一个前置问题也很重要，这就是哪些作品更经典、更优质、更适合儿童阅读。这个问题有两个方面需要兼顾：一方面，我们对儿童阅读的文本，需要秉持开放、宽容的原则，因为儿童的需求是丰富的、多方面的，同时从供应侧和阅读生态的角度而言，只有童书创作和出版生态更宽松、更健康，更多、更优质、更经典的作品才更有可能出现；另一方面，需要有机构，或者有机制，将更好的作品筛选出来，推荐给儿童、家庭和学校。

这个问题不在中文分级阅读标准的研究范围内，但在亲近母语儿童阅读的研究范围之内。亲近母语每年公布的儿童分级阅读书目，不仅是将优秀的童书做科学的分级，推荐给更多的读者，也是在做遴选、优选的工作。新阅读研究所、爱阅基金会也在这方面做出了很大的贡献。

（三）文本分级标准的维度阐释

阅读是"解码"和"理解"两者的结合，是与文本互动之后的结果[1]。亲近母语对中文文本分级的研究与探索，始终遵循以儿童为本位的核心理念，力图从儿童出发，多维度、立体化地关注读物的特点，从而更好地使读物与读者相匹配。

文本分级标准主要参考的因素包括字和词、句子复杂度、文本特征、插图，等等，详见图4。

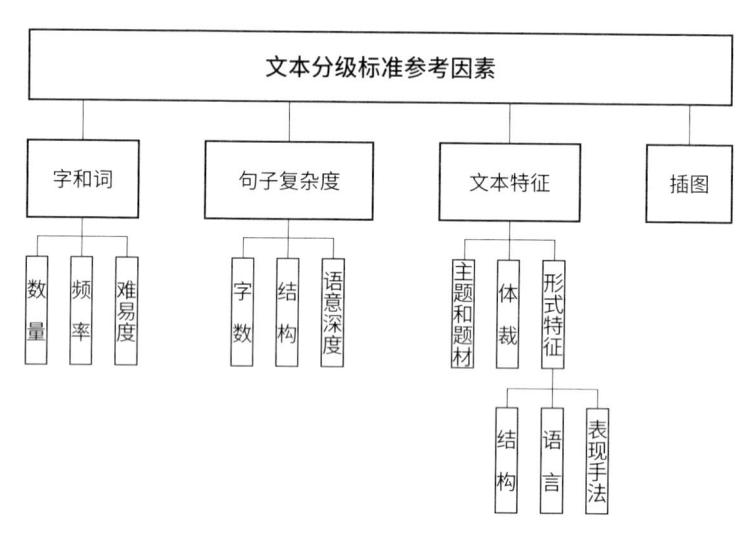

图4　文本分级标准参考因素

---

1 谢锡金、林伟业著，《提升儿童阅读能力到世界前列》，北京师范大学出版社，2013，第2页。

1. 字和词（数量、频率、难易度）

生字将直接影响阅读的流畅度。西方研究显示，只要在文本里有5%的字不认识，孩子就可能很难流畅阅读。不过，这一因素也并不绝对，在中文阅读中，孩子具有一定的猜读和跳读的能力，并不需要每一个生字都认识才能阅读。

在上一个部分，关于中文特性的阐释中，我们已经对此做了相对充分的阐释。汉字虽然很多，难学难认，但汉字的常用字只有3 500个，认识这些常用字，基本可以满足中文分级阅读的要求。在200万字检验语料的覆盖中，这些常用字的覆盖率达到99.48%[1]。

一般情况下，出现的汉字的难易程度，跟文本的难易程度正相关。同时，一般情况下，儿童识字量的多少，跟儿童阅读素养也正相关。

如何进一步确定3 500常用字的难易度，是中文分级阅读一个重要的参数。亲近母语的汉字分级表正在同步研究中。儿童识字的先后，跟常用字的字频有关，但不完全一致。

现代汉语中的语素大多数是单音节的，单音节汉字与单音节语素形成对应关系，即一个语素由一个汉字记录。

---

1 陈源主编《现代汉语定量分析》，上海教育出版社，1989，第16页。

因此，掌握了一定数量的汉字也就相当于认识了很多词。现代汉语中不少双音节词，是在古汉语中单音节词的基础上发展而来的。例如"妻子"，在古代指的是妻子和儿女，在现代汉语中，则需要用两个双音节词来表现。

词出现的频率，跟词的难易度也直接相关，同时儿童阅读的词汇跟成人的词汇有一定的差异。亲近母语需要将专业研究与人工智能技术结合，研发出符合儿童阅读规律的词汇分级表，从而为中文分级阅读标准的文本分级标准建立可信的依据。

2. 句子复杂度（字数、结构、语意深度）

中文信息类文本的分级标准和英文分级阅读标准没有太大的差异。一般情况下，句子越长，结构越复杂，文本难度越大。

文学性文本的分级则要复杂得多。中文文本包括儿童文学在内，优秀的作家都必然受到母语的深度滋养。他们往往运用短句子，不直接说出情感和思想，而是通过言外之意来表达，运用景语、情境等来表达感情和思想。亲近母语中文分级阅读标准中的文本分级标准，虽然也将句子的字数作为一个参照标准，但在文本分级的指标中，句子的字数参考比重不是很大。目前的文本分级，还需要专家适当人工介入，针对一些语言风格特别突出的作家，根据文本表达的情感和思想，调整和确定相应的分级。

3. 文本特征（题材、主题、体裁、表现手法、结构、语言）

就题材而言，适合各年段儿童阅读的题材，多从儿童熟悉的范围展开，比如从动物、植物、家庭、自然等，逐渐扩展至校园、国家、社会等更加广泛的范畴。按照由熟悉的事物到陌生的概念或题材进行排列。从较为熟悉的、具有本土性的内容入手，会让儿童更有亲近感和安全感，有利于培养儿童对母语学习的兴趣。

广博的题材是产生文本内容的基本因素，而经由作者提炼和呈现在作品中的思想和情感，往往表现为文本的主题。

不同年龄的儿童阅读的主题也有所不同，其中与日常生活相关的主题更容易被儿童接受。尤其是在儿童的婴幼儿阶段，贴近生活的文本主题能够引导儿童了解自己的身体、认识动植物、熟悉交通工具、养成良好的生活习惯等。小学中年段开始，儿童会接触越来越多的抽象主题，比如信念、冒险等。到了小学高年段及以后，文本中出现的主题数量通常会增多，含义渐趋深刻，部分深层主题更加复杂，远远超出儿童自身的经历和课本中所学到的知识，比如歧视、苦难、民族存亡等主题。

因此，适合低年段儿童阅读的文本主题大多是明确具体、容易理解的，而到了中高年段，儿童能够阅读的文本主题相对是复杂抽象、需要读者推断的。此外，单个文本可以有多个主题，应鼓励儿童从不同层面进行解读。

围绕不同主题，作家通常会选择一种样式来呈现，这便是文本的体裁。基于对儿童语言、心理发展状况、阅读状况的了解以及对文学的，尤其是儿童文学的各种文体研究，朱自强教授提出了儿童文学分级阅读的五项原则。他认为多种文学体裁的分级应为"叙事在前，写景、抒情、议论在后"。

从表达手法来看，书面语言与口语有着本质的不同。小学低年段的文学类文本通常包含简单的人物和故事情节，叙述手法也相对简单。文本结构明确、直接，通常只有一条主线，尽管也会出现一些抽象的概念，但是标题、主题句等元素都能够以较为直接的方式帮助儿童理解。

相比较而言，小学高年段的文学类文本通常包含多种描绘角色特性的方式，包括描述、对话、思想、他人视角等。故事要素之间的关系变得更加复杂，需要更多的解释。结构上，主线之外还可能存在支线，需要儿童更多地关注文本中的提示信息。高年段的信息类文本在呈现方式上会更加复杂，文本类型增多，格式多变。当儿童没有足够的背景知识支持，或是阅读不太熟悉的领域相关的文本时，则容易产生阅读障碍。同时，文本的信息量也会增大。初中阶段的信息类文本类型更加广泛，语言上既有偏重理性的描述，也有散文式的文字风格，注重文字语言的美感，兼具人文性和科学性。对于文本中出现的新术语，儿童在理解时可能需要联结多个学科的背景知识。

4. 插图

插图在儿童的阅读中起着辅助作用，因此将其作为文本分级的子维度之一进行考量。以 0~6 岁儿童为阅读对象的童书，多数是图画书，随着阅读对象年龄的增大，图画和文字的比例在不断变化，画面的内容和画风，也不断丰富。

主题鲜明、句式简短、情节简单的桥梁书，能够有效帮助儿童在阅读中识字。

适合低年级学生阅读的图书要求趣味性强，插图或图画占据页面的绝大部分，辅以浅显、醒目的文字，部分自主阅读的书中则会给难字注音。

到了中年级，学生有了一定的识字量，掌握了基本的阅读策略，逐步过渡至图文结合式的阅读，这一时期挑选的图书依然要避免出现过多专业性的术语，学生可以借助文后的注释或者贴士等辅助工具，来帮助理解文本中较为抽象的概念。

高年级的学生，具备了一定的阅读速度，适合他们阅读的人文百科作品在语言文字的质量上要求也会更高，文字的阅读难度也会相应加深。因此，一些更为细腻流畅的笔记类语言或较为专业的观察式记录能够成为他们的写作指引。

（四）亲近母语文本分级标准

根据以上维度，亲近母语提出以下文本分级标准。前面已经表述过，为了更便于学校和家庭的应用，我们主要根据年龄段和年级段来表述，但在实际应用时，可以做更具体细致的划分。

0~3岁

字和词【数量、频率、难易度】
无字或仅有少量提示文字
较多重复的词语

拟声词比较多

句子复杂度

该阶段儿童掌握句型的顺序是：单词句（1~1.5岁）→双词句（2岁左右）→简短的单句（2岁开始）→简单的复句（2.5岁开始）

文本特征

1. 文本主题和题材

主题多和儿童日常生活相关，比如上厕所、吃饭、睡觉等

题材多为身体、动物、食物、交通工具、生活习惯等

2. 文本体裁

有韵律的儿歌、童谣

绘本故事

生活常识、认知百科等信息类文本

3. 文本形式特征【结构、语言、表现手法】

文学类

语言口语化，具有节奏感和趣味性

多为简单节奏的儿歌、童谣或以拟声词为主的短句

常用重复的句式

信息类

内容的呈现以图为主,仅有少量提示文字

有趣味性

分类注重从部分到整体、从易到难的引导

插图

图画占据绝对主导地位

构图简单,色彩丰富,可以通过画面猜想故事内容

3~6岁

字和词【数量、频率、难易度】

高频词语的范围扩大

词汇量增多,重复变少

多为具有具体意义的字词

句子复杂度

句子变长,句式开始有转变

句式有规律可循

句子结构由简单到逐渐复杂

文本特征

1. 文本主题和题材

主题多贴近儿童生活，但以更多的方式呈现

题材逐渐广泛，涉及自然、科学、亲情、友情、成长、想象等主题

2. 文本体裁

有韵律的儿歌与童谣、浅近的古诗、简单的幼儿故事、幼儿散文、童话、民间故事等幼儿文学；幼儿能理解的谚语熟语

含有大量图画的绘本

3. 文本形式特征【结构、语言、表现手法】

文学类

以生活口语为主，有简单的对话和文学性语言

情节有重复，有递进，能引发推理、想象

内容开始具有细节感

信息类

简单信息文本

语言生活化，将认知内容放入儿童熟悉的生活场景中

插图

图画中有了更多的细节

构图和角色绘制生动，充满童趣

明亮的色彩或简洁有力的线条

富有想象力

一年级

字和词【数量、频率、难易度】

词语出现更多的变化，重复的词语变少

文字浅显、醒目，一般标注拼音

文本中开始出现一些非儿童生活口语的词语

句子复杂度

句子长度适中

结构以单句为主，有简单的复句（比如并列句、转折句等）

文本特征

1. 文本主题和题材

单个文本的主题具体且相对单一，文本中有明显的主题句

多数主题贴近儿童生活，比如校园生活、亲情、汉

字、季节、节日、游戏、友情等

2. 文本体裁

文学类

儿歌、童谣、童诗、浅近的古诗

浅显的童话、儿童故事、民间故事、神话故事、儿童散文等

信息类

简单、短小的说明文

简单的儿童科普类读物

3. 文本形式特征【结构、语言、表现手法】

文学类

仍以浅显的口语为主,有少量成语或其他文学词汇

通常包含简单的人物和故事情节

简单的叙述手法,一般采用顺叙

文本结构明确、直接,通常只有一条主线

关注儿童心理,描写儿童的语言、想法、幻想

信息类

具有非常明确、直接的文本结构

包含一些抽象的概念,但是文本、插图等能够帮助理解

插图

插图所占的篇幅还较大，图画书和桥梁书占有一定的比重

插图可以为阅读提供适度的帮助

插图中包含更多的细节

插图趣味性强

二年级

字和词【数量、频率、难易度】

词汇量更加丰富

复杂词语的数量增多

开始出现非日常口语的词语

句子复杂度

句子的长度有所增加，句型更加复杂

句群和段落关系更丰富

文本特征

1. 文本主题和题材

文本中有关键词提示主题

多数主题仍然贴近儿童生活，但题材更加广泛

2. 文本体裁

`文学类`

儿歌、童谣、童诗、浅近的古诗

童话、简单的儿童故事、神话故事、寓言故事民间故事、成语故事、儿童散文等

常以桥梁书的形式出现

`信息类`

信息文本类型增多

日常实用类文本，比如通知、公告、说明书等

3. 文本形式特征【结构、语言、表现手法】

`文学类`

语言风格更加多样化

故事出现更多的细节和描述

`信息类`

偏理性或说明性的描述增多，以"为什么""怎么样"引导的句式逐步增加

插图

插图开始减少

可能包括时间线、插图说明、地图等

三年级

字和词【数量、频率、难易度】
出现最常用的 1 500 个以外的汉字
文本中出现的名词、动词、形容词更丰富
理解字词时,需要用到更多的策略

句子复杂度
文本中出现的句式有一定难度
结构相似、简单重复的段落减少

文本特征
1. 文本主题和题材

出现一些抽象主题,比如信念、冒险等
主题更具探索性和开放性

2. 文本体裁

`文学类`

童诗、古诗、浅近的文言和中外现代诗歌
相对复杂的童话、动物故事、儿童故事、神话故事和传说、寓言故事、儿童散文、历史故事等

信息类

包括说明书、程序性文本、简单的议论文、地图、票据等，帮助儿童在不同的文体结构中学会如何提取信息

3. 文本形式特征【结构、语言、表现手法】

文学类

故事脉络清晰、情节有一定的曲折性

一些故事离儿童的生活有一定的距离，想象性和现实性相结合

信息类

文本更具深度，讨论点更多，知识密度增加

插图

插图一般描绘多种概念，较为复杂

插图可能包括照片、表格、曲线图等形式

四年级

字和词【数量、频率、难易度】

词语的搭配形式增多，作品中表达情绪、感情、动作的词语更加丰富

词语在多种语境中可能传达出不同含义

句子复杂度

句子结构更加的精巧和复杂，表达抽象意义的句子增加，句群和段落的组合关系更加丰富

文本特征

1. 文本主题和题材

主题数量增多，含义渐趋深刻，出现更加抽象的主题

2. 文本体裁

文学类

童诗、古诗、浅近的文言、中外现代诗歌、散文诗

童话、人物传记、幻想小说、儿童小说、动物小说、散文、历史小说等

信息类

一般社科和科普类读物，比如百科全书、知识随笔、调查报告等

呈现形式更复杂的信息文

3. 文本形式特征【结构、语言、表现手法】

文学类

文本中对话的数量增加，角色之间开始有更丰富的交集

结构稍复杂，主线之外存在支线，但总体上逻辑清晰

信息类

呈现方式更加复杂，文本类型增多，格式多变
文本信息量加大

插图
插图对阅读的辅助作用减弱
一些文本不再放置插图
部分信息类文本需要图和表来传达关键信息

五年级

字和词【数量、频率、难易度】
出现一些跟儿童生活有一定距离的文学词汇
开始接触文言词语

句子复杂度
句子的意义更加复杂，出现更多修辞手法

文本特征
1. 文本主题和题材
主题更抽象，需经过推论得出主题

信息类文本类别增加

2. 文本体裁

`文学类`

童诗、古诗、中外现代诗歌、散文诗、现当代散文、难度适中的文言文、古典散文

长篇童话、儿童小说（含现实、冒险、侦探、幻想、科幻题材）、古白话小说、动物小说、游记、历史小说、简单的剧本等

`信息类`

新闻报告、科学考察、科学小品文、说明书、攻略等

3. 文本形式特征【结构、语言、表现手法】

`文学类`

多种描写角色特性的方式，包括描述、对话、思想、他人视角等等

文本运用多种表达方法，如描写、抒情、说明、议论等

文本的背景设置可能要求儿童有一定的知识积累，比如历史、地理小说

`信息类`

有章节标题、术语表、标点符号等辅助阅读

有丰富的版式、说明、图表来帮助理解

插图
图表形式更广泛,比如照片、标签、剖面图、地图等

六年级

字和词【数量、频率、难易度】
可能出现一些方言词语,或非母语系统的词语

更多接触到文言词语

句子复杂度
句子更复杂,复句、句群结构关系更丰富

句式更多样,情感、语意更丰富,常有言外之意

文本特征
1. 文本主题和题材
主题的设定可能远超过儿童自身的经历和课本知识

主题更加复杂和抽象,比如开始接触战争、贫富、生死、人生等主题

2. 文本体裁
文学类

童诗、古诗、散文诗、中外现代诗、现当代散文、难

度适中的文言文、古典散文

长篇童话、幻想小说（含科幻和魔幻小说）、儿童小说（含现实、冒险、侦探、幻想、科幻、魔幻题材）、动物小说、游记、历史小说、简单的剧本、古白话小说等

信息类

回忆录、演讲，以及多种文体混合的文本等

3. 文本形式特征【结构、语言、表现手法】

文学类

故事要素、人物之间的关系变得更加复杂

文学语言更丰富多彩，风格更加多样，在故事叙述之外，出现更多环境、心理的描写

综合运用包括倒叙、幽默、悬念、拟人、象征、夸张在内的多种写作手法

信息类

文本的难度深度加深，有可能出现和生命、战争、人类生存、各种社会问题相关的主题

概念间的关系更复杂

插图

图表更加复杂

七年级

字和词【数量、频率、难易度】
表达非字面含义的词语增多
词语的选择会反映相关历史文化背景
词语的使用更加复杂，非常用词语增加

句子复杂度
句子中概念间的关系不那么直接明确，需要更多的推断或解释

文本特征
1. 文本主题和题材

主题数量更多，主题内容更为深刻与多元
情感更丰富，冲突更多元

2. 文本体裁

文学类

少年小说、古典小说、散文、人物传记、戏剧、艺术欣赏等广泛的文学作品

信息类

由多种材料组合的非连续性文本

3.文本形式特征【结构、语言、表现手法】

文学类

结构较复杂，结构层次较多，组织方式提示较少

开始出现更加有深度，逻辑性更强，更抽象的文学形式

信息类

类型广泛，包括自传、计划、说明书等

语言上既有偏重理性的描述，也有散文式风格

插图

地图作为一种重要的图表，在历史、地理相关的图书中作用比较突出

八年级

字和词【数量、频率、难易度】

文本中经常出现有专门含义的术语

句子复杂度

语法规则和句型更为复杂

文本特征

1. 文本主题和题材

主题设定上更关注青春期儿童的成长和心理

部分文本可能会呈现多个主题，可进行不同层面的解读

2. 文本体裁

文学类

几乎所有种类的文学作品

信息类

属于特定专业领域的读物，如新闻评论、法律法规等

3. 文本形式特征【结构、语言、表现手法】

文学类

叙事性文本的艺术性增强，结构更加精巧和复杂，需要进行有深度的文学性分析

故事和人物逻辑性更强，作品寓意更加深刻

除了叙述性语言，经常有情感比较强烈、有讨论性和一定抽象意味的语言出现

信息类

对儿童的辩证性思维能力要求提高

插图

一般情况下，可以不需要插图辅助

九年级

字和词【数量、频率、难易度】

会出现反映时代和历史背景的词汇

方言、非母语词汇、文言词语等更多出现

句子复杂度

通过大范围的对话、方言的运用、多样的句子结构等来表达特定含义

文本特征

1. 文本主题和题材

除了已有的主题外，会出现歧视、苦难、民族存亡等更加有深度的抽象主题

2. 文本体裁

文学类

几乎所有种类的文学作品

信息类

属于特定专业领域的读物，如新闻评论、法律法规等

由多种材料组合、较为复杂的非连续性文本

3. 文本形式特征【结构、语言、表现手法】

文学类
对人物性格的刻画和语言的描写更具张力

运用包括倒叙、故事中的故事、象征、修辞、讽刺等多种文学手法

信息类
知识的综合性增强,可能涉及多个学科的背景

对于复杂的概念与事物都有详细的解释

插图
一般情况下,不需要插图的辅助

高中阶段

字和词【数量、频率、难易度】
非常用词、抽象词增加,基本接近成人阅读的词汇

句子复杂度
句式多变,风格不一

文本特征

1. 文本主题和题材

几乎所有主题都可以纳入阅读的范畴

更加关注社会发展，可能涉及如经济危机、供需平衡、边境冲突等全球性问题

2. 文本体裁

文学类

几乎所有种类的文学作品

信息类

多种信息或实用性文本，包括自传、计划、说明书，以及其他综合类文本

3. 文本形式特征【结构、语言、表现手法】

文学类

在背景的设置上可能不停转换，包括时间的转变，且通常不会直接预知

文本叙述可能出现较为复杂的双线、多线等结构，时间跨度、空间跨度加大

文学语言表达更具个人风格，除了对故事、人物和客观世界的描写外，可能出现个人情绪观照下的情感表达、意识流动等

可能出现隐喻、象征、反语等有深度的表达手法

信息类

语言严谨、规范

逻辑关键词分布广泛,文本的信息点或知识点分布较多,且知识串联的方式变得更加多样化

插图

基本不需要插图的辅助

以图表结合和数据分析作为总结或验证结论的重要方式

(五)亲近母语文本分级标准的应用和实践

亲近母语认为,中文分级阅读不仅仅是对文本的分级,还要基于儿童的认知水平和阅读能力,为其匹配适合的中文读物,并给予其适当的阅读指导和建议,以助其达到儿童阅读素养发展标准提出的目标。因此在亲近母语中文分级阅读体系中,文本分级标准始终服务于儿童阅读素养发展标准这一核心,为文本难易度分级提供可参考的指标,并根据实际应用的情况,进行相应的调整。

以亲近母语和果麦文化联合打造的"中文分级阅读文库"为例,这套读物依据文本分级标准,综合考虑了字和词(数量、频率、难易度)、句子复杂度(字数、结构、

语意深度）、文本特征（题材、主题、体裁、表达手法、语言特点）、插图等四大因素，并根据一至九年级儿童的认知与心理特点，以及儿童阅读能力和素养发展的要求，精选108本经典作品。

入选一年级的作品，大都主题鲜明、句式简短、情节简单，又各具特色。比如张秋生的《小巴掌童话》，金波的《大树上的书》以及胡木仁的《小鸟念书》这些短篇童话集。书中收入的故事篇幅都非常短小，并辅以标准拼音和精美插图，很适合小学刚入学的儿童与家人进行亲子共读或自主阅读。二年级的图书由短篇合集和完整的中长篇组成，语言、逻辑结构相较一年级的图书更复杂，体裁上也更丰富。

此外，小学早期是孩子有计划地学习中文的起始阶段，要特别重视运用孩子们擅长的听说能力，帮助他们学习阅读。比如一年级编选了《很久很久以前》《哪吒闹海》《节日的传说》这些口耳相传的民间故事与神话故事，通过适合该阶段儿童的讲述方式和语言表达，为孩子提供来自母语的营养和润泽，让孩子感受中华民族的古老智慧。

到了小学中期，孩子语言能力进一步发展。此阶段的儿童可以开始阅读故事脉络清晰、情节性强的图书，接触更多和个人经历有一定距离的话题。因此，三、四年级推荐阅读的体裁包括童话、动物故事、动物小说、动物散文、民间文学、儿童故事、儿童散文、科普故事、历史故事等。"中文分级阅读文库"三年级收入了俄罗斯著名作家普里什文的动物散文《孩子们和野鸭子》，作者写活了各种动物的特点和个性，让孩子深切感受到作者对自然万物的尊重，思考人类与自然的关系。另外，文本的翻译也是影响文本难易度的元素之一。三年级中的《安徒生童话》选用的是叶君健翻译的版本，这一译本与美国译本同被评为"当今世界上两个最好的译本"，翻译水准高，更能体现安徒生童话的风格，以及丹麦语的神韵。

随着阅读素养的逐步提高，小学高年段的孩子可以阅读一些有深度的作品，获取精神的滋养。比如儿童小说、动物散文、动物小说、科幻小说、散文、人物传记等体裁都可以纳入阅读的范畴。"中文分级阅读文库"五年级中的《柳林风声》用散文的写法讲述了四个性格迥异的好朋友——蟾蜍、獾、鼹鼠、河鼠之间充满戏剧性的故事，孩子不仅能从中感受故事的趣味，更能受到文学优雅的滋润。六年级中的儿童小说《汤姆·索亚历险记》，主人公汤姆·索亚自由活泼，充满正义感，他的冒险经历极富传奇色彩，能带给孩子欢快的阅读体验。六年级还包含了两部科幻小说：《时间机器》第一次以时间旅行为题材，在一个大尺度的时空里探讨了人类的命运；《海底两万里》是法国科幻大师凡尔纳的代表作，它描绘了一个充满冒险与奇幻色彩的海底王国。

初中阶段的儿童已经掌握了多种阅读技能，具备了一定的阅读能力，能够进行更广泛以及更加深入的阅读。"中文分级阅读文库"七年级中的《国史纲要》，原为20世纪30年代著名史学家雷海宗先生在清华大学和西南联大讲授中国通史的讲义，系统而又清晰地梳理了我国朝代更替、治乱循环的历史脉络，读之使人豁然开朗。比如朱自清先生针对我国古代典籍过于艰深的特点，撰写了深入浅出的《经典常谈》，我们放在了八年级。全书概述了《说文解字》《战国策》《史记》等典籍，涉及诸子、辞赋、诗文等各个类别中的名著，是读者了解中国古代文化的入门指南。

依据文本分级标准，文学作品中文学手法的运用逐步变得更加复杂。比如八年级中的《野性的呼唤》，杰克·伦敦在书中娴熟地运用了多重叙述视角、象征主义等写作手法，给孩子们带来审美的愉悦。九年级中的经典名著《简·爱》，对于人物性格的刻画和语言的描写极具张力，塑造了独立、敢于反抗的女性形象。

信息类文本则通常将大胆的假说和考究的证据，通过严谨、规范的语言一一呈现。比如《从一到无穷大》是"大爆炸"理论推动者乔治·伽莫夫的科普经典，我们把它放在了九年级。孩子们不仅能在数字游戏、微观世界、宇宙之谜中发现解密的快乐，也能够逐渐养成实事求是、崇尚真知的科学态度。

值得注意的是，分级阅读的初衷在于为不同发展阶段的儿童提供合适的图书，但分级阅读的概念并不是绝对的。不是每一篇文本，或是每一本读物都需要分级，处于同样年龄区间的儿童，在阅读能力上也存在个体差异。正在学习阅读的儿童应接触各种各样的文本，才能更好地了解如何阅读，如何选择阅读的材料。因此，在了解儿童阅读分级必要性的同时，也要记住它的相对性和目前发展的阶段性。教师和家长完全可以根据个体儿童的差异，打破分级阅读的限制，让儿童进行更开阔的、更个性化的、更丰富的阅读。

存在的问题和未来展望

中文分级阅读标准的研制和应用,是一个复杂的、系统的、难度很高的工程,必然要经过一个长期的发展和完善过程,需要各方的共同努力和协作推进。

亲近母语中文分级阅读标准的研制,虽然是在 20 年的实践和研究、应用基础上的结晶,但它只是一个开始,还有很长的道路要走。

基础理论和研究还相对缺乏

中文分级阅读标准的研究和实践,只有 10 多年的时间,它的进一步完善,有赖于脑科学、儿童的语言、认知情感发展、儿童阅读素养的形成机制、汉字分级、中文词汇分级、完善的语料库建设等等基础研究的深化。

在研制亲近母语中文分级阅读标准的过程中，我们发现：

1. 儿童发展心理学、儿童语言学的研究在国内发展还很不够，特别是对于中国儿童个体的认知发展、语言发展、情感发展和人格形成的研究和描述极为不足。

2. 对中文特质的研究不足。一些相对保守的学者和专业人士，往往以这一点来否认中文分级阅读的意义和可能性。这也是有失偏颇的态度。中国要发展、要进步，无论是哪个领域，都必然要以科学的态度、求真的精神，以全球化的视角来看待问题、解决问题。中文分级阅读，总要有开始和起步。

3. 中文分级阅读研究领域的协作也很不够。目前，理论研究、童书策划和出版、互联网产品研发等多方面的研究似乎都处于较为独立的状态，比如高校注重理论层面的分级阅读研究，出版机构、教育机构、图书馆等更关注分级阅读的应用与相关产品的研发。事实上，理论需要实际的应用才能不断提升，而产品在理论的支撑下，才能不断升级，不断完善。

儿童中文分级阅读的实现需要我们进行更科学、更深入的分级研究。这样的研究必须要有专家学者的参与，也要有全行业的共同参与，需要应用者、使用者包括儿童的参与。[1]

中文分级阅读研究应注重科技和人文的融合

科技发展的日新月异，尤其是大数据和人工智能的发展，使阅读前所未有地科技化、智能化。智能设备在教学中的使用，在线教育的迅速发展，带来了新的阅读和教育模式。

但我们必须意识到，中文分级阅读一定要根植于母语的特质，根植于中华文化的传统，它是科技和人文的融合。一些中文分级阅读体系，完全套用国外分级阅读体系的算法、分级概念等，也是不可行的。

同时，我们希望中文分级阅读在未来可以根据每个孩子的兴趣、爱好、阅读水平，为其进行个性化的阅读定制。

中文分级阅读需要全行业、多领域的丰富探索和协作

20世纪末，伴随着儿童阅读的推广，围绕中文分级

---

[1] 叶丽新.文本复杂度人工判断维度及其运用[J].上海课程教学研究，2020（001），第57~62页．

阅读的研究和实践逐渐兴起并活跃。从教育行政部门的政策研究和制定者，到出版行业的从业人员、儿童文学作家，再到民间企业和阅读推广机构，中文分级阅读引起了一定程度的关注，而且必将更多地为大家所认识和重视。

不少互联网机构将中文分级阅读这一细分领域作为主攻方向。考拉阅读、悦读家园、小步读书、纷级阅读、一亩家园等纷纷推出了自己的中文分级阅读互联网产品。各界人士的积极探索，都为中文分级阅读标准的研制和完善提供了可贵的经验。

亲近母语中文分级阅读标准，将作为一个公共知识产品，为教育机构、童书出版、阅读推广机构和阅读推广人、公益组织、社区和家庭等服务，在分级阅读的应用上，提供一个有价值的思考坐标和参照。亲近母语将在新时代背景下，坚持自己的儿童观、阅读观和教育观，和更多的同道一起，在科技助力下，共同探索科技和阅读融合，人文和科学精神兼备，具有母语气质的中文分级阅读体系。为建设书香社会，促进全民阅读，实现民族伟大复兴，建设人类命运共同体，培养更多优秀的人才，做出更大的贡献。

参考文献

1.中华人民共和国文化部政策法规司."十三五"文化发展改革规划汇编[M].北京：知识产权出版社，2018.

2.中华人民共和国教育部.义务教育语文课程标准[M].北京：北京师范大学出版社，2012.

3.上海市教育委员会教学研究室主编.上海市中小学汉语分级阅读标准研究报告——阅读能力分级[M].上海：上海科学技术出版社，2016.

4.核心素养研究课题组.中国学生发展核心素养[J].中国教育学刊.2016(10).

5.徐雁.全民阅读推广手册[M].深圳：海天出版社，2011.

6.郑国民，关惠文，任刚等.基于学生核心素养的语文学科能力研究[M].北京：北京师范大学出版社，2017.

7. 徐冬梅. 徐冬梅谈儿童阅读与母语教育 [M]. 长春：长春出版社，2009.

8. 朱自强. 朱自强小学语文教育与儿童教育讲演录 [M]. 长春：长春出版社，2009.

9. 王泉根. 周作人与儿童文学 [M]. 杭州：浙江少年儿童出版社，1985.

10. 林崇德. 发展心理学 [M]. 杭州：浙江教育出版社，2019.

11. 刘晓晔. 早期阅读与儿童语言教育 [M]. 北京：北京语言大学出版社，2016.

12. 周兢主编. 儿童语言发展与教育研究丛书：汉语儿童语言发展研究 [M]. 北京：教育科学出版社，2010.

13. 王文静，罗良. 阅读与儿童发展 [M]. 上海：华东师范大学出版社，2010.

14. 扈中平等主编. 现代教育学·新编本 [M]. 北京：高等教育出版社，2000.

15. 托尼·瓦格纳著. 余燕译. 教育大未来 [M]. 海口：南海出版公司.

16. 董蓓菲主编. 全景搜索：美国语文课程、教材、教法、评价 [M]. 上海：华东师范大学出版社，2009.

17. 玛丽安娜·沃尔夫著. 王惟芬，杨仕音译. 普鲁斯特与乌贼[M].北京：中国人民大学出版社，2012.

18. 朱莉娅·贝里曼等著.陈萍，王茜译.发展心理学与你[M].北京：北京大学出版社，2000.

19. 列维·谢苗诺维奇·维果斯基著.李维译.思维与语言[M].杭州：浙江教育出版社，1997.

20. 罗伯特S费尔德曼著.苏彦捷等译.儿童发展心理学费尔德曼带你开启孩子的成长之旅（原书第6版）[M].北京：机械工业出版社，2015.

21. 吉姆·崔利斯著.沙永玲，麦奇美，麦倩宜译.朗读手册[M].天津：天津教育出版社，2006.

22. 罗伯特·费尔德曼著.苏彦捷，邹丹等译.发展心理学：人的毕生发展（第6版）[M].北京：世界图书北京出版公司，2013.

23. 斯坦利·格林斯潘，杰奎琳·萨尔蒙著.格林斯潘心理育儿（5~12岁）[M].北京：华夏出版社，2015.

24. 中华人民共和国教育部.3~6岁儿童学习与发展指南[M].北京：首都师范大学出版社，2000.

25. 徐默凡.文本难度分级标准的研制和说明[J].上海课程教学研究(1)，2020.

26. 邹一斌.上海市中小学汉语阅读文本分级标准研究报告[J]，2020(1).

27. 李云飞，袁曦临. 国外儿童分级阅读研究现状述评 [J]. 图书馆杂志，2019(3).

28. 周兢，张义宾. 基于汉语儿童语料库构建的儿童语言发展测评系统 [J]. 学前教育研究，2020(6).

29. 叶丽新. 美国"各州共同核心标准"之"阅读标准" [J]. 全球教育展望，2016(10).

* 注：《亲近母语中文分级阅读标准》在研制过程中参考了大量中外文献，因篇幅所限，仅列举部分中文重要参考文献。

图书在版编目（CIP）数据

亲近母语中文分级阅读标准 / 亲近母语研究院著. -- 天津：天津教育出版社，2021.6
ISBN 978-7-5309-8610-3

Ⅰ.①亲… Ⅱ.①亲… Ⅲ.①阅读课－教学研究－学前教育②阅读课－教学研究－小学 Ⅳ.①G613.2 ②G623.232

中国版本图书馆CIP数据核字(2021)第063453号

亲近母语中文分级阅读标准
QINJIN MUYU ZHONGWEN FENJI YUEDU BIAOZHUN

出版人	黄 沛
作 者	亲近母语研究院
责任编辑	谢 芳
装帧设计	杨 慧
出版发行	天津出版传媒集团 天津教育出版社
地 址	天津市和平区西康路 35 号
邮政编码	300051
电 话	（022）23332301（营销部） （022）23332419（总编室）
网 址	http://www.tjeph.com.cn
经 销	新华书店
印 刷	天津丰富彩艺印刷有限公司
版 次	2021 年 6 月第 1 版
印 次	2021 年 6 月第 1 次印刷
规 格	32 开（880 毫米 ×1230 毫米）
字 数	68 千字
印 张	4.5
定 价	28.00 元

版权所有 翻印必究
图书如有印装质量问题，请拨打电话（022）23332305。